MW01229335

Todo ocurrió un día de otoño

Valarch Publishing

Valery Archaga

Todo ocurrió un día de otoño

Libro de Valarch Publishing/noviembre 2024
Charlotte, North Carolina

Portada creada por Grecia Leal
Ilustrada por Bella Savillon
Editado por Livró

ISBN: 979-8-3396-9857-9

Eres el dueño de tu vida y tus emociones, nunca lo olvides. Para bien y para mal.

-Antoine de Saint-Exupéry

Playlist

This is what Autumn feels like -JVKE

Wake me up when September ends - Greenday

Mirrors - Justin Timberlake

Sparks - Coldplay

Homesick - Wave to Earth

Reflections - The Neighbourhood

No. 1 Party anthem - Artic Monkey

Creep - Radiohead

No air - Jordin Spark & Chris Brown

Love in the Dark - Adele

Ghost of you - My Chemical Romance

Fix You - Coldplay

Prefacio

No era fácil vivir sin recuerdos. Despertar en un lugar desconocido, con personas desconocidas, se había convertido en el día a día y me preguntaba si realmente las personas que me visitaban me decían la verdad, o si simplemente se estaban aprovechando de mi amnesia. Al fin y al cabo, el ser humano es ágil con la lengua. Solo tenía una certeza: esa voz. La misma voz que me llamaba en cada sueño; la voz en que mi nombre parecía una melodía familiar. Una voz sin rostro.

Esa mañana desperté nuevamente en una pequeña cama rodeado de personas que me preguntaban a cada segundo si había recordado algo, si me sentía bien o si había algo que pudieran hacer para ayudarme a recordar, pero la respuesta era la misma: mi mente estaba en blanco. Cuando no hacían eso, se llenaban la boca de ánimos, prometiendo que iba a recordar todo y diciéndome que, si quería salir de ahí, más me valía recuperarme.

Capítulo 1

El día de volver a casa por fin había llegado. Mi cuerpo había tardado meses en poder recuperarse de todas las heridas, pero lo había logrado. Lo único que me hería era saber que, para mi familia, había sido dado por muerto. No los culpo, ni siquiera yo tenía esperanzas de vivir cuando me encontraron. Además, no recordaba casi nada de lo que había pasado. Lo único que recordaba era el nombre del sargento encargado de la misión y que todo había salido mal. Según los reportes yo había sido el único sobreviviente.

Un hombre llamado Joseph Phillips, a quien le decían general, fue quien estuvo todo el tiempo pendiente de mí. No supe si el sobrenombre era un simple apodo o en realidad un título hasta que aterrizamos en Washington D.C y visitamos la base militar para cumplir con los protocolos necesarios. Ahí, luego de finalizar con el papeleo, logramos obtener algunos detalles de mi vida como la dirección de la casa donde vivía y ciertas cosas que aún estaban borrosas en mi mente. Según habían dicho, Phillips había sido uno de los compañeros de batallón de mi padre y se había ofrecido a acompañarme a casa para explicarles todo.

—¿Estas bien? —preguntó Phillips, cuando estábamos por aterrizar en el aeropuerto John F. Kennedy.

—Estoy ansioso —respondí.

—Yo estaría igual que tú, pero no hay de qué preocuparse. Tu familia va a estar muy feliz de verte, especialmente en un día como este —comentó y asentí.

Era nochebuena. La misma fecha en que me había casado con Lucy. Aunque mi mente aún tenía un par de cosas reprimidas, una de las cosas que recordaba era que la había dejado sola un día después de nuestro matrimonio por irme al servicio. Esperaba que ella no recordara eso tan latente como yo. Llegamos al aeropuerto y en la salida me encontré con un rostro que conocía muy bien.

—¡Hermano, no lo puedo creer! —dijo Lucas y me abrazó—. Tenemos tanto de qué hablar, pero será después. Ya quiero que mi hermana te vea.

Lucas me miró de arriba a abajo como si estuviera viendo a un fantasma y su mirada se enfrió un poco apenas vio la cicatriz que llevaba en la cabeza. Uno de mis temores más grandes era que Lucy ya no me amara o me viera con lástima al estar lleno de cicatrices y heridas secas.

Apenas llegamos al restaurante de mi madre, me sorprendí al ver un nuevo nombre en el letrero.

—¿Y eso? —cuestioné.

—Muchas cosas han cambiado en tu ausencia. No dije nada durante todo el camino porque no quiero arruinar la sorpresa, pero por ahora espera, iré por Lucy.

—Asentí, y caminé un poco intentando ver algo por la ventana, aunque no tuve éxito.

–Cálmate, muchacho —dijo Phillips, pero me estaba pidiendo algo imposible.

Apenas se abrió la puerta, me giré hacia la entrada y ella estaba saliendo junto a Lucas.

—Lucy... —dije dando unos cortos pasos hacia ella.

Lucy abrió los ojos al instante y sus pupilas se inundaron. Se tapó la boca y dio unos pasos hacia atrás.

—No, esto no es posible —dijo.

—Lucy, es él —dijo Lucas.

Ella lo miró, luego volvió a verme y se acercó hasta tomar mi rostro. Sus manos cálidas sobre mis mejillas me llenaban de paz el alma. Su aroma seguía siendo el mismo de mis recuerdos y su belleza estaba intacta.

—Nos dijeron que habías muerto, Miles. ¡Creí que estabas muerto! —gritó. Sus lágrimas fueron como golpes en mi pecho. Tomé sus manos e intenté explicarle lo mejor que pude.

—Lo sé. Yo también creí que había muerto, pero desperté después de meses en una cama de hospital sin recordar nada y Phillips me cuidó todo el tiempo aun cuando no sabía quién era. Pasado el tiempo comencé a soñar con una chica de cabellos rubios. No sabía quién era ella, pero ver su sonrisa en mis sueños me mantenía con ánimo y con deseos de seguir intentando recordar. Entonces vi a alguien con un anillo de bodas y un recuerdo se encendió en mi memoria: Tú decías mi nombre mientras nos casábamos.

Lucy se rio y las lágrimas no paraban de salir de sus ojos, contagiando los míos.

—Apenas tuve ese recuerdo, se lo dije de inmediato a Phillips y él me ayudó a llegar hasta aquí.

Lucy lloraba, Lucas se limpiaba las lágrimas que se le escapaban y la puerta del restaurante se abrió.

—¡Lucy!, Anto… —dijo mi madre saliendo del restaurante, pero no pudo concluir con lo que estaba diciendo luego de que sus ojos se posaron sobre mí.

—Hola, mamá —dije.

Su rostro se discutía entre estar extasiada o aterrada. Caminó hacia mí sin decir una palabra y me dio una cachetada que la sorprendió más al confirmar que no era ninguna alucinación. Estaba a punto de lanzarme otra, pero tomé sus manos para que me pudiera ver con más calma y le afirmé.

—Mamá, sí soy yo.

—¿De verdad eres tú, Miles? —dijo y volteó hacia Lucy esperando una confirmación.

—Es él, Adeline. Nuestro Miles ha regresado.

Apenas las palabras abandonaron los labios de Lucy, ella se lanzó a abrazarme y a besar mis mejillas, hasta que su mirada volteó hacia Phillips y le dio las gracias. Él hizo una reverencia y ella volvió a abrazarme y besarme.

—Lucy, Antonio está muy inquieto —dijo Lucas asomándose por la puerta. Miré a Lucy, pero mi madre habló de nuevo.

—Sí —reaccionó Adeline—. Eso venía a decirte. Será mejor entrar y compartir con todos este enorme milagro de nochebuena.

—¿Antonio? —pregunté algo precavido.

—Tal parece que tienes que conocer al hombre que ocupa mi corazón ahora —dijo Lucy y sonrió antes de ingresar al restaurante.

«Es normal que ella haya decidido seguir con su vida, al fin y al cabo, le habían dicho que ya estaba muerto», pensé y por un momento sentí que el mundo se me venía encima.

—Lucy, yo... entenderé si ya has rehecho tu vida —comencé a decir y ella sonrió—. Si quieres podemos hablar en otro momento.

Lucy se devolvió por un segundo, me dio un beso en la boca y tomó mi mano.

—Espera a que lo conozcas y luego me dices.

Cuando entramos al restaurante, muchas personas se quedaron viendo la escena. Era como si hubieran visto a un muerto andante. Lucy no soltó mi mano y siguió caminando hasta llevarme a la pequeña oficina del lugar. El llanto desesperado de un bebé me heló la sangre a la mitad del pasillo. «Antonio era el nombre de mi padre», pensé y, apenas lo vi, una sensación abrumadora, como si algo me presionara el pecho, me dominó.

—¿Es...? —intenté decir, pero antes de terminar Lucy movió su cabeza en afirmación.

Tomé largas bocanadas de aire un par de veces para controlarme y no asustar al pequeño. Mis mejillas ardían y mi vista comenzó a ser borrosa, algo aguada, impidiéndome ver bien al pequeño que Lucy tenía entre sus brazos mientras se acercaba.

—Miles, te presento a Miles Antonio Milligan, tu hijo.

Los ojos brillantes de ese bebé me hicieron vibrar. Apenas el bebé me vio, comenzó a moverse inquieto en los brazos de Lucy y ella preguntó si quería cargarlo.

—No puedo creer que tengamos un hijo, Lucy —dije extendiendo mis brazos para sostenerlo.

Sentir el calor del pequeño cuerpo de mi hijo fue algo inexplicable. Todo lo que había pasado, absolutamente todo había valido la pena si era el precio que tenía que pagar para volver a ellos. No pude controlar las lágrimas al verlo de cerca. Miré a Lucy, para quien debió haber sido muy difícil asimilar la noticia de mi muerte teniendo a nuestro hijo en su vientre, y ella también sonreía, aunque su rostro estaba lleno de lágrimas.

—Es igual a ti —dijo, acercándose a ambos y acarició su cabello.

Levanté la mirada

—Lo lamento, Lucy. Debió ser muy difícil para ti —dije intentando soltar el nudo en mi garganta.

—Lo fue, de verdad que lo fue. Me costó muchísimo ponerme de pie, pero lo logramos. Y ahora estás aquí.

Tenerte de nuevo con nosotros es un regalo del cielo. Creo que allá arriba se cansaron de que reclamara porque no me habían dejado estar más tiempo contigo.

—Pero ya estoy con ustedes, y no volveré a irme.

—¿De verdad no te irás? ¿No te meterás en problemas?

—No. Fui dado de baja permanentemente. Eso significa que no volveré a irme de tu lado nunca más. — Le di un beso en los labios y ambos volteamos a mirar a nuestro bebé.

Después de eso pasamos un momento en familia, junto a todos los que estaban en el restaurante. Algunas personas eran nuevas para mí, aunque ellos parecían conocerme, por lo que no dije nada y me limité a saludarles con amabilidad. Al finalizar la noche, volví a la casa con Lucy. Apenas entramos, el momento en que la compré vino a mi memoria. Recordé cuando Lucas me la mostró y que lo primero que me gustó habían sido sus grandes ventanales y las vistas al bosque. El resto de la noche pasó en un suspiro. Me recosté al lado de Antonio aún sin poder creer que por poco no pudo conocerme y recordé el momento en que me dieron la noticia de la muerte de mi padre.

Agradecí haber tenido la oportunidad de sobrevivir y no dejar a mi hijo sin papá y pensé en todo lo que pudo haber ocurrido una vez le habían dado la noticia a Lucy. Tenía que compensarla por todo lo que la había hecho pasar y me prometí que iba a ser el mejor padre, esposo, amigo, hijo y hermano para todos los que se habían tomado el tiempo de cuidar de mi familia.

—Tienes que descansar —dijo Lucy, acariciando mi rostro.

Tenía tantas cosas en qué pensar, tantas cosas qué recordar que mi mente era como una máquina que no dejaba de trabajar a toda velocidad. Lucy demoró en dormirse. Dijo que tenía miedo de despertar y darse cuenta de que en realidad había estado en un sueño y, a decir verdad, yo también temía lo mismo.

La mañana de navidad llegó y casi no pude dormir. Desperté apenas el primer rayo de sol entró por una ventana y luego de agradecer por encontrarme en mi cama, aprecié el rostro de mi esposa y de mi hijo mientras dormían. La paz y la serenidad que reflejaban me llenó el corazón. Me levanté, me lavé el rostro y caminé dubitativo hacia la cocina para preparar algo de comida.

—Tengo tantas cosas en mi cabeza que no sé cómo sentirme —susurré pensando en voz alta. Lucy acarició mi espalda y me abrazó.

—¿Y qué te parece si vivimos un día a la vez, sin pensar demasiado? —dijo y volteé a abrazarla—. Siempre estaré contigo, Miles, mi corazón siempre estará contigo.

Luego de decir eso, me besó y sonó el timbre. La familia había llegado a desayunar. Las palabras de Lucy resonaron en mi cabeza por unos segundos más.

Capítulo 2

Dos años y nueve meses después,

La mañana del cumpleaños número tres de Ant supe que iba a ser un día de locura desde el momento en que llegué al restaurante. Lucy y Claudia estaban terminando de preparar los últimos detalles y todos en el restaurante estaban en pos de la gran celebración.

Ant se había convertido en un niño muy dulce, inteligente, valiente e independiente. Era la mezcla perfecta de los dos. Físicamente se parecía a mí, pero en sus cualidades era idéntico Lucy.

—¿Segura que lo quieres celebrar aquí? —pregunté cuando Lucy me ordenó dejar algunas mesas arregladas de cierta manera.

Teníamos años celebrando todos los cumpleaños en el mismo lugar. Ant estaba más grande y ya me parecía algo aburrido para él.

—Este año no será en el restaurante —respondió y respiré aliviado pensando que mis plegarias mentales habían sido escuchadas.

—¿Dónde será?

—Almorzaremos aquí y saldremos al parque por la tarde donde nos reuniremos a cortar el pastel antes de que la temperatura baje. El otoño está en su mejor momento, me gustaría que nos tomáramos fotos antes de que las hojas caigan de los árboles.

—Se va a hacer lo que tú quieras, princesa —dije acercándome a ella y besé su frente.

—Eso me recuerda que te han seguido invitando al grupo de apoyo a veteranos —comentó.

Las invitaciones llegaban seguido, pero nunca creí necesario asistir. La primera vez que fui, fue demasiado difícil no poder explicar lo que me había pasado. Además, aún había mucho que no recordaba.

—No puedes seguirlas evitando, Miles. Trata de ir. Las esposas de otros veteranos me han dicho que las reuniones son de mucha utilidad para sus esposos. Los ayuda a liberar la carga emocional y mental junto a otros que han pasado por situaciones similares.

Lucy, a diferencia de mí, había encontrado mucho apoyo en las esposas de otros veteranos y hasta había creado algunas lindas amistades con algunas de ellas.

—Lo pensaré —respondí solo para que no siguiera insistiendo, aunque sabía que ella no se quedaría con esa respuesta.

—Bueno. Ahora acompáñame a terminar de comprar unas cositas que me hacen falta para terminar de decorar las mesas.

Una vez compramos lo último que necesitábamos para el cumpleaños, volvimos a casa con nuestro hijo.

—¡Papá! —gritó Ant una vez me vio entrar por la puerta. Lo tomé en mis brazos y le di un beso en la mejilla.

—¿Algún día me saludará así? —se quejó Lucy.

—Ve a darle un beso y un abrazo a tu mamá —susurré en su oreja.

Ant se acercó a Lucy de inmediato y abrazó la pierna de su madre. Ella bajó a su altura, acarició su rostro, le dio un beso en la frente y preguntó:

—¿Te portaste bien hoy?

—Como siempre —respondió la abuela—. Mi nieto es el niño mejor portado del mundo, de hecho, tengo algo que mostrarles. Mi madre caminó hasta el comedor donde nos enseñó un lienzo. Al darle la vuelta nos dimos cuenta de que se trataba de las manos de Ant, formando las hojas de un árbol en colores naranja, amarillo y rojo vino.

—Es hermoso, ¿tú lo hiciste, Ant? —preguntó Lucy acariciando su mejilla.

—Sí —respondió con una sonrisa y las mejillas ligeramente sonrojadas.

—Falta pintar el número tres en el centro y tendré una nueva pintura para mi sala —comentó mi madre con orgullo.

—¡Yo también quiero uno! —dijo Lucy.

—Ustedes pueden hacerlo entre los tres. Me sobró un lienzo, está en la cocina. Las pinturas están en el garaje. Yo me tengo que ir. Nos veremos mañana, mi niño. No puedo creer que ya son tres años los que cumple.

La abuela tomó sus cosas, se despidió y salió.

—¿Qué tal si hago unos rollos de canela mientras ustedes ven la televisión?

—¡Si! —Celebramos Ant y yo. Lucy era la luz de nuestras vidas. Me encantaba verla feliz, especialmente desde que había comenzado a trabajar en su libro de recetas.

Su carrera seguía siendo una gran parte de ella. Miluan era un lugar cada vez más concurrido. Sus recetas e innovaciones estaban atrayendo la atención de influenciadores de redes sociales y noticieros locales. Incluso había recibido la propuesta de compartir con el mundo sus exquisitos platillos y fue un reto elegir cuáles eran los mejores. Había subido un par de libras debido a mi reciente rol como catador de sus nuevos platillos.

La publicidad estaba en su máximo furor, incluso la habían invitado a ser entrevistada en un programa de televisión y preparar una de sus deliciosas recetas. No podíamos estar más orgullosos de ella.

—Yo traeré las pinturas para que hagamos el árbol y luego le daré un baño a Ant —dije pasando por el lado de Lucy tras dejarle un beso en la mejilla.

—¿Te he dicho que lo más romántico de mi pareja es cuando toma el control?

—Creo que sí, entre otras cosas que hago y te parecen románticas. —Ella sonrió y le guiñé un ojo.

Cuando Lucy metió el postre en el horno, yo fui a buscar las pinturas y una manta para que no se manchara la sala. Lucy consiguió un par de platos desechables para colocar la pintura y, entre risas, terminamos pintando una obra de arte: Primero fueron mis manos con un color, luego las de Lucy con otro y por último las de Ant.

—Hermoso —dijo Lucy levantando el cuadro para sacarlo al patio a que se secara.

—Papá, mia... —dijo Ant, levantando el plato donde había hecho un dibujo de palitos—. Edes tú.

—¿Ese soy yo?

—Sí, edes e mejol —dijo y bostezó. Luego se llevó las manos al rostro y quedó todo untado de pintura alrededor de los ojos.

Cuando se dio cuenta de lo que había hecho, se sorprendió y estuvo a punto de llorar así que tomé un poco de pintura e intenté hacer en mi rostro la misma mancha que él tenía. Ant sonrió y Lucy entró justo cuando se escuchó el sonido del temporizador en la cocina.

—Los dejé un momentito solos y ya hicieron de las suyas.

Ant y yo nos miramos con complicidad y luego le hicimos pucheros para evitar el regaño, pero Lucy se resistió.

—Vayan a darse un baño que ya está lista la merienda —dijo procurando mantener la seriedad que su risa trataba de romper.

Tomé la mano de Ant y le ayudé a levantarse. Me acerqué a su oreja y le susurré:

—Vamos a decirle a mamá que somos los monstruos de la pintura. —Ant rio y asintió.

Apenas nos aseguramos de que Lucy había dejado la bandeja caliente sobre el mesón y ya había cerrado la puerta del horno, nos acercamos despacio, con las manos llenas de pintura en posición de garras.

—Somos los monstruos de la pintura, y vamos a pintarte —dije y Lucy no pudo contener más la risa antes de correr hacia el otro lado de la cocina.

—No me pintarán —dijo, tomando un bote de pintura y llenando sus dos manos con ella—. Porque yo también soy un monstruo que quiere pintar al pequeño monstruo de la pintura.

Ant corrió por la sala escapando de su madre y no pude evitar reír a carcajadas, dejando al pequeño monstruo solo. Cuando finalmente lo atrapó Lucy, Ant quedó con todo su rostro y su cabello lleno de pintura.

—¡Papá, ayúdame! —gritó y, como no podía dejarlo solo en esa batalla, fui al rescate de mi hijo.

Todos terminamos llenos de pintura en el suelo de la sala. Afortunadamente los muebles no sufrieron daños, de lo contrario, el monstruo de pintura mamá se hubiera molestado mucho. Lucy fue a tomar un baño en nuestra habitación y Ant, y yo, fuimos a ducharnos al otro baño. Esa noche comimos rollos de canela.

Luego de haber acostado a Ant en su habitación, nos

hicimos frente al monitor que teníamos en la sala y Lucy sollozó.

—¿Qué pasa? —pregunté.

—Es que no puedo creer que mañana vaya a cumplir tres años. El tiempo ha pasado tan rápido. Ya está dejando de ser un bebé. —La abracé.

A mí me dolía haberme perdido su nacimiento, pero haber podido ser parte de muchas cosas por primera vez en su vida compensaba todo lo demás.

—¿Qué tal si nos relajamos y vemos una película? —comenté y ella asintió.

Caminamos juntos hasta la sala, pero Lucy recordó algo y salió corriendo hacia el auto mientras yo me quedé sirviendo dos jugos.

—Creo que nos falta preparar unas cositas para mañana —dijo entrando con una enorme bolsa con dulces—. No podía hacerlo con Ant despierto.

Apenas entró, dejó los dulces en el suelo y fue a buscar las bolsas de regalos. Mientras estaba distraída, rodeé con mis brazos su cintura, pegando mi pecho a su espalda y le di un beso en el hombro.

—Ahorita lo hacemos, preciosa.

—No me refería a hacer eso, señor Milligan —dijo Lucy y recostó su cabeza en mi pecho, dándome acceso a besar su cuello. Le quité las bolsas de las manos y caminé a la mesa.

—Yo me refería a esto, señora Milligan —dije. Ella cruzó los brazos y luego se unió a la clasificación de dulces—. Aunque al terminar no veo el inconveniente en que hagamos eso otro.

Luego de poner todos los dulces en las bolsas, decoramos con unos globos la habitación de Antonio y distribuimos algunos más por la sala para que se notara que toda la casa estaba de fiesta. Lucy sabía cómo hacer sentir especiales a las personas.

—Ahora sí, vámonos a descansar —dijo ella, subiéndose en mí como un koala—. Estoy cansada.

—Hay que descansar entonces. Mañana será un día muy agitado.

—Bueno, no sin antes cumplir con mis deberes de esposa.

—Lucy...

—Señor Milligan —respondió y unió nuestros labios dejando que fueran nuestros cuerpos los que reaccionaran a las caricias.

Capítulo 3

—Feliz cumpleaños, Antonio... Feliz cumpleaños, Antonio —cantamos al entrar a su habitación la mañana siguiente.

Ant se restregó los ojitos y brincó de su cama al ver el pastel que Lucy tenía entre manos.

—¿Pala mí? —preguntó—. Sí, mi superhéroe. Es tu cumpleaños. ¿Sabes cuántos cumples? —pregunté y el batalló, pero logró mostrar tres dedos en su mano.

—¡Sí!, ¡Mi pequeño bebé tiene tres años! —dijo Lucy y untó su nariz con un poco de la crema azul que cubría el pastel.

—No bebé, bebé grande —afirmó con sus manitas en la cintura.

—Siempre serás un bebé para mí —respondió Lucy y

lo abrazó, luego lo soltó y continuó —. Vamos a desayunar, las abuelas llegarán en cualquier momento.

Y como si Lucy las invocara, el timbre sonó. Cuando abrí la puerta, me encontré con mis suegros acompañados de mi madre y Phillips. Apenas eran las nueve de la mañana.

—¿Ya despertó? —preguntó mi madre con dos globos en forma de superhéroes. Mi suegro cargaba una caja enorme.

—Lo consienten mucho —comenté ayudando al papá de Lucy con la caja mientras los otros entraban.

—Es un niño muy amado por toda su familia. Tendrás mucho trabajo armando eso —dijo mi suegro.

—¿Qué es?

—Lo sabrás cuando mi nieto le quité la envoltura. — Negué con la cabeza, pero no tuve más remedio que esperar.

Apenas dejé el enorme regalo en una esquina de la sala, me uní a la fiesta que estaba llevándose a cabo en la habitación de Ant y me acerqué a Lucy.

—¿Necesitas ayuda en la cocina, cariño? —ella se negó.

—Ya sabía que teníamos invitados inesperados. tengo todo bajo control. —se puso de puntillas y me dio un beso en la mejilla.

—Oka, estaré con Phillips entonces.

Ella asintió, viendo cómo nuestras madres le ayudaban a elegir ropa a Ant y sacaban una que otra prenda que ya le quedaba pequeña. El abuelo y Philips estaban de pie frente a ellas, hablando, y me acerqué a Philips.

—El tiempo no espera nadie, ¿no lo crees? —dijo y moví mi cabeza en afirmación.

—Así es, ¿cómo está todo?

—Con tu madre muy bien, en el trabajo no tan bien. Perdimos a otro hace tres días.

Suspiré.

—No me quiero imaginar el tipo de dolor que estaba sintiendo para tomar una decisión tan radical como esa.

Phillips era parte de una asociación que estaba llegando a causar un impacto en la comunidad de veteranos locales. El año pasado se habían suscitado varias perdidas autoprovocadas y empezaban a disminuir los casos. Para muchos de los soldados que regresaban a casa después de una situación traumática, o casi mortal, era muy difícil recuperar su vida sin apoyo emocional, o psicológico, y Phillips y algunos otros veteranos se habían ofrecido a brindar ese apoyo.

—Sí, tenía muchas cosas con las que lidiar internamente. Es una pena que no aceptara la ayuda que le ofrecíamos a tiempo.

—¿Su familia es de la ciudad?

—No, vivía solo.

Eso era algo que me llamaba mucho la atención. La mayoría de los veteranos que tomaban esa decisión eran hombres mayores que no tenían a su familia cerca. Los que, si la tenían cerca, lograban salir de sus crisis.

—Es una pena —dije y no pudimos seguir hablando porque Ant había corrido a lanzarse sobre mí.

—No me quedo bañal. Ayúdame —dijo y escondió su rostro en mi cuello.

—Monstruito, no puedes andar todo sucio. Mucho menos un día como hoy.

Ant sacó su rostro de su escondite y movió su cabeza en negativa.

—Bueno, lo sentimos mucho, abuelos, pero si Ant no se baña, y se cambia, no podrá abrir todos los regalos que le trajeron. Va a tocar darle a alguien más la caja enorme que está en la sala —comenté y todos los presentes se lamentaron.

Ant, sin creer mucho en lo que había dicho, buscó a su alrededor a ver si en realidad estaba la caja y sus ojos se iluminaron cuando la encontró. Su boquita se abrió y se la tapó con las manos.

—¿Ya la viste? —Él afirmó con la cabeza—. Ahora solo tienes que bañarte y cambiarte para que puedas saber qué es.

De un brinco Ant se soltó de mi agarre, tomó la mano de su abuela y ambos se perdieron en el pasillo.

—No puedo creer lo rápido que pasa el tiempo —dijo Lucy. Y cuando vio la caja que estaba en la sala volteó hacia su papá y le hizo una mueca—. Papá, espero que no sea lo que estoy pensando.

—Lo siento, hija. Mi nieto ya está en edad para tener un poco más de diversión.

—Sí, pero podía ser otra cosa. Un lego o un

rompecabezas.

—¿Qué es? —pregunté.

—Mi padre le compró a Antonio una camioneta todoterreno, electrónica, que anda con solo un pedal.

Volteé a mirar a mi suegro y él solo se encogió de hombros.

—-¡Le encantará! —fue lo único que pude decir. Me acababa de dar cuenta de que mi regalo iba a quedar en nada a lado de ese.

—Esperemos a ver su reacción —dijo Phillips.

—Bueno, mientras esperamos, ¿Tienen hambre? —preguntó Lucy y mi suegro se llevó la mano a su estómago. Todos nos moríamos de hambre.

—Mucha, cariño. Tu madre no me dio tiempo ni para bañarme.

—Como si no la conocieras cuando se trata de sus nietos.

—La costumbre, hija

Lucy asintió y ambos nos dirigimos a la cocina para tener el desayuno listo. Mientras recalentábamos todo, y servíamos, Ant salió corriendo de su habitación, directamente hacia el gran regalo.

—Primero a desayunar y después al regalo —dijo Lucy y Ant hizo una mueca.

—Ya habrá tiempo, hijo. Ahora comamos el delicioso desayuno que mamá preparó para ti y para todos.

En ese momento, Lucy puso los wafles en forma de Spiderman frente a él y como si se hubiera olvidado del regalo, sus ojos volvieron a iluminarse.

—Guau, edes la mejo, mami. —Lucy sonrió y se sentó a la mesa para que pudiéramos comer en familia.

Terminado el desayuno, todos nos movimos para la sala a abrir los regalos y Ant nos iluminó con la sonrisa que todos estábamos esperando luego de haber visto la camioneta. Cuando se terminaron los regalos, los abuelos se fueron a jugar con Ant en el patio, mientras Lucy y yo sacábamos todo para su fiesta y lo llevábamos al auto a escondidas de nuestro hijo. Antonio se quedó con los abuelos mientras nosotros nos adelantamos para llegar a Miluan y en la puerta ya nos esperaban algunos de los empleados del restaurante. Ya se había dicho que ese día el restaurante no iba a abrir, pero algunos se habían ofrecido como voluntarios para ayudarnos a atender a los invitados al almuerzo.

—Lo siento, chicos, se me olvidó dejar la llave de emergencia —se excusó Lucy.

Los muchachos no parecían molestos, sino todo lo contrario. Sabían que mi esposa siempre tenía muchas cosas en la cabeza y que, como era un poco despistada en algunas cosas, eso era una posibilidad. Especialmente si estaba organizando la fiesta de cumpleaños de nuestro hijo.

—¿Necesitan ayuda a descargar algo del auto? —dijo Leo, un hombre de casi treinta y cinco años que hacía muy poco había llegado a la comunidad junto con su hijo y su esposa embarazada. Al parecer, estaban huyendo de la violencia en su país de origen.

—Sí, en la parte de atrás del auto están algunas cosas

que hicieron falta ayer. —respondió Lucy mientras caminaba a la cocina.

—Vamos, yo iré contigo —le dije y salimos del restaurante.

Afuera escuchamos las sirenas de algún auto de emergencia a lo lejos y eso nos puso alerta a ambos.

—Será mejor que entremos —dije cuando el sonido se hizo cada vez más fuerte y Leo negó.

—No se escucha muy lejos —respondió y, para no dejarlo ir solo, caminé con él hasta llegar al auto.

Apenas abrí la puerta trasera, un camión giró con brusquedad a una cuadra de nosotros y golpeó uno de los autos que estaban estacionados a la orilla de la calle. La ventana del pasajero del camión se abrió y de ahí salió un hombre con un pasamontañas, apuntando con un arma a las patrullas que iban tras ellos.

—¡Abajo! —grité tirándome al suelo

El intercambio de balas comenzó a pocos metros de nosotros y un proyectil le dio en el pecho a Leo quien cayó de espaldas en un quejido, me arrastré por el suelo hasta llegar a él. Imágenes de la guerra invadieron mi mente y comenzó a faltarme el aire junto a un fuerte dolor de cabeza. De un momento a otro comencé a ver borroso y no fui capaz de controlar mis movimientos. Cuando por fin llegué hacia Leo, su pecho sangraba tanto que mis manos se tiñeron de sangre apenas intenté detener la hemorragia. Miré su rostro, sus labios se movían en búsqueda de aire y la desesperación en sus ojos me envió a otro recuerdo.

—Vete, te matarán —decía Brown cubierto de arena

y sangre. Su agonía me dolía.

—No te dejaré aquí. Soy tu superior, mi deber es llevarte a un lugar a salvo.

—Yo no tengo a nadie, señor, usted tiene a Lucy. Debe irse.

Cuando Brown terminó de hablar, una fuerte explosión muy cerca de nosotros me hizo salir volando por los aires y todo se volvió negro.

—Mi…miles —intentó decir Leo mientras apretaba mi mano.

—¡Miles! —escuché gritar a Lucy. Mi visión era borrosa, pero a lo lejos pude verla acercarse con un teléfono en la mano.

—Está herido, ayúdalo —dije aún aturdido por los recuerdos—. Sálvalo, Lucy... ¡Está herido! ¡Sálvenlo!

Mis manos estaban llenas de sangre. Mi mente aún era y una bruma confusa entre los recuerdos y la realidad, y los sonidos comenzaron a hacerse más fuertes. Gritos a mi alrededor, el cuerpo inconsciente de Leo, las sirenas, explosiones, disparos... Entonces sentí las manos de Lucy tomando mi rostro.

—Miles, ¿estas herido? —mis ojos corrían hacia todos lados.

—¡Miles, cariño! Soy Lucy, tu esposa. ¿estás herido?

Negué, pero todo se seguía diluyendo. Lucy intentó decirme algo más, pero ya no la escuchaba hasta que, sin darme cuenta del momento exacto, todo se volvió oscuridad.

Capítulo 4

Un fuerte brillo me estaba invitando a que abriera los ojos y, al hacerlo, me di cuenta de que estaba en el hospital.

—Miles. Gracias a Dios que despertaste, llamaré al doctor —dijo Lucy a mi lado, pero antes de que se levantara tomé su mano.

—¿Qué pasó? —pregunté.

No recordaba nada de lo que había ocurrido, o al menos no sabía si lo que creía que había pasado era real o solo producto de mi imaginación. Lucy suspiró.

—Te lo contaré, pero creo que es mejor que te revise el médico primero —dijo y se alejó sin decirme nada.

Cuando llegó el doctor, yo tenía mi atención en la

ventana. Era un día soleado. El cielo estaba despejado y, como si me hubiera caído un rayo, recordé la celebración de cumpleaños de Ant y me senté de un brinco. Lucy intervino, diciendo de nuevo que tenían que revisarme y luego de que el doctor hizo su revisión de rutina estaba listo para salir hacia el restaurante. Lucy aún dudaba.

—No creo que sea necesario tenerlo más tiempo aquí. Lo que experimentó pudo haber sido muy traumático para usted y por eso sufrió ese desmayo. De resto, si sigue teniendo mucho dolor de cabeza, o siente cualquiera de las otras cosas que le mencioné, deben programar una cita con su médico.

Lucy asintió y el doctor salió de la habitación.

—No fue un sueño, ¿verdad? —pregunté y Lucy movió la cabeza.

—¿Cómo esta, Leo?

—Sigue en cirugía, pero el doctor dio esperanzas de que se pondrá bien. Dijo que las balas no habían tocado ningún órgano vital, pero que sí había perdido mucha sangre.

En ese momento escuché el sonido de un disparo a lo lejos. El sonido fue apenas perceptible al principio, como un eco distante, pero sabía lo que había oído y me erguí de inmediato. Lucy pareció no haberlo escuchado o no parecía importarle. Pensé por un momento en que yo había sido el único que lo había escuchado y ahí caí en cuenta de que algo no estaba bien.

Mi respiración se hizo errática. La vista se me nubló. Los recuerdos, enterrados en lo más profundo de mi mente, empezaron a retumbar con una violencia salvaje.

El rostro de Brown justo antes de que la explosión nos separara, el sonido de un grito, el retumbar de una carga, el fuego devorando todo, nuestros cuerpos destrozados...

Mi cuerpo se tensó como una cuerda y mis manos empezaron a sudar. Sentí una presión en el pecho que me ahogaba. La imagen de mis amigos muertos se apoderó de mí como una ola y el olor a pólvora, a muerte, me envolvió en unos segundos.

—¡Miles!, ¡Miles! —dijo Lucy, aunque su voz se oía ahogada—. ¿Estás bien?

Ella estaba a un lado de mi camilla e intentaba calmarme, pero mi mente corría de un lado a otro. Cuando vio que no respondía, salió a llamar a alguien y unos segundos después, alguien más entraba a la habitación. El sonido era el retumbar de los cañones, el crujido de las armas, el estallido del fuego se avivaba con fuerza en mis oídos hasta que vi a Ant entrar a la habitación. Estaba asustado. Intenté acercarme, tocarlo, quería decirle que todo estaba bien, pero cuando estuve a unos cuantos centímetros, Ant comenzó a dar vueltas y su cara se transfiguró en el rostro de un niño desconocido.

—¡Antonio! —grité.

No sabía qué estaba pasando. Un miedo visceral comenzó a dominarme y sentí como si todo estuviera a punto de romperse. Lucy me abrazó, pero no pude controlarme. Mi mente desbordaba las imágenes de la guerra; el campo de batalla, la niebla gris, el estruendo ensordecedor. Cada sonido de la habitación, cada ruido cotidiano, se transformaba en un disparo, una explosión, el crujir de los huesos. La realidad y la memoria se mezclaban en una espiral destructiva.

—¿Mejorará? —escuché decir a Lucy.

—Claro que sí. Todo depende de Miles. En esta etapa lo único que podemos hacer es asignar su caso a un psicólogo. —Me puse de pie apenas escuchar esas palabras.

—Yo no estoy loco.

—Y nadie está diciendo que lo estas, Miles. Lo que te está pasando es algo muy común después de lo que viviste. Es con tu fuerza de voluntad, tu familia, amigos y un tratamiento adecuado que aprenderás a sobrellevar lo que te atormenta.

—¿No solo puede indicarme algún medicamento y ya? —pregunté y él negó.

—El cerebro aún sigue siendo una de las partes del cuerpo más difíciles de entender. Hay medicamentos que te ayudan con los ataques de pánico, la ansiedad, y demás trastornos, pero lo único que hacen es minimizar los síntomas. No te ayudaran con tus alucinaciones y demás. Por eso necesitamos que primero vayas con el psicólogo y él te mande a realizarte los exámenes correspondientes para saber cuál sería el tratamiento ideal para mejorar tu mente.

Luego de unos minutos más de charla, Lucy terminó aceptando por mí la consulta con el psicólogo pues era la única condición con la cual me darían de alta. No obstante, salimos de esa cita con muchas más interrogantes de las que teníamos.

—Todo va a estar bien, Miles —dijo Lucy en el carro––. Yo estaré siempre contigo. Solo dime lo que sientes. No te lo guardes. No seré psicóloga, pero puedes acudir a mí cuando necesites hablar.

En ese momento moví mi cabeza en afirmación, pero sabía que nuestra vida no iba a ser igual.

A partir de aquel momento, todo se volvió un torbellino. No podía dormir, no podía comer sin sentirme fuera de control. Los ruidos, las voces, el viento que agitaba las hojas en el jardín, todo sonaba en mi cabeza como un disparo, una metralla, una condena. Mi mente no podía distinguir entre lo que era verdadero y lo que era falso, y mi cuerpo no podía olvidarlo.

Lucy trató de ayudarme varias veces. Me hablaba suavemente, me abrazaba en la oscuridad de la noche, intentaba hacerme reaccionar mostrándome que no era real lo que estaba viendo, pero todo era inútil. Había algo roto en mí. Algo que ni ella ni yo podíamos arreglar. Ya no era el hombre que había regresado, el hombre que se había reunido con ella y con Ant. Yo era alguien más, alguien marcado por un trauma.

Cuando fui a la consulta con el psicólogo, dijo que mi trauma era tan profundo que necesitaría tiempo para procesarlo. Pero tiempo no era lo que yo necesitaba, de eso estaba seguro. Lo que necesitaba era algo que no podía explicar, algo que ni siquiera sabía si existía: paz.

Cada que intentaba dormir, las explosiones resonaban en mi cabeza. Las sombras de mis amigos caídos seguían acechando mi mente día y noche, y yo seguía buscando, en cada rincón de mi ser, un refugio donde no entraran los recuerdos. Me despertaba en medio de la noche, empapado en sudor, y veía a Lucy y a Antonio durmiendo tranquilos, ajenos a la tormenta que rugía dentro de mí, y me preguntaba, por un instante, si lo que estaba viviendo era una condena por lo que había hecho, o por lo que había visto.

En ese momento entendí a cada veterano que hablaba en aquellas reuniones. Nosotros habíamos dejado la guerra, pero la guerra nunca nos había dejado. Estaba en cada rincón, en cada susurro, en cada grito mudo que no podía silenciar. La memoria, al final, era imposible de eludir.

«Quizás la guerra nunca se va. Quizás yo nunca volveré a ser el mismo». me pregunté más de una vez. «Quizás no hay forma de escapar a los ecos del pasado».

En un abrir y cerrar de ojos pasaron casi dos meses. Navidad llegó, pero no fue lo que ninguno de nosotros hubiera esperado. Me fue imposible disfrutar los fuegos artificiales con mi hijo pues cada estallido me generaba una nueva imagen de la guerra en mi mente. Antes era Ant quien sufría de pánico, ahora era yo. No pude salir de la habitación en toda la noche; tuve que ponerme tapones en los oídos mientras veía la televisión. Como todos entendían mi situación, me daban mi espacio, aunque terminó siendo una Navidad solitaria.

Cada minuto que pasaba anhelé que la madrugada llegara para que el silencio abundara y poder tener un momento con mi esposa. Así, cuando la casa hizo silencio, salí de a habitación en busca de Lucy, pero antes de llegar a la sala escuché unas voces.

—Debes aconsejarle a Miles que vaya a los grupos de apoyo. No es bueno que se aísle de todo. Debe aprender a convivir con lo que lleva en su interior. Encerrarse en sí mismo solo lo hará sufrir más —decía mi madre.

—Y lo hago, pero, como dijo el psicólogo, todo debe ser cuando él lo decida. No podemos forzarlo a nada — respondió Lucy.

—Lo sé, pero ya estoy cansada de ver a mi hijo en esta situación.

—Lucy tiene razón, amor —intervino Philips—. En este momento no se puede hacer nada. Miles no estará así para toda la vida. Debemos darle el tiempo que sea necesario. Lo importante es que él esté bien y que no represente un peligro para los demás, aunque especialmente para él mismo.

Ahí comprendí lo que era para mi familia: Una bomba de tiempo.

Capítulo 5

Los meses siguieron pasando de la misma manera, sin cambio, sin prisa. El frio y las flores que decoraban los árboles se habían ido. El sol, con su calor infernal de verano, teñía la casa cada tarde con una luz dorada que, de alguna manera, llamaba a la oscuridad de la noche.

Aún me costaba creer en todo lo que se había desmoronado dentro de mí desde aquel día o, para ser especifico, desde el cumpleaños de Ant, pero agradecía cada día tener a Lucy a mi lado. Ella se había encargado de ayudarme a llevar mi día a día con normalidad, o por lo menos lo más normal que pudiera. Lo que más me impresionaba era que nuestra relación como pareja, aún con todas las vicisitudes, no había cambiado en lo más mínimo, o al menos era lo que yo quería creer.

—Siento mucho que esto te pasara, Olivia. Claro que sí. Puedes quedarte con nosotros un tiempo —le dije a nuestra amiga luego de haber llegado a la casa por sorpresa.

—Prometo no molestarlos, solo será por unos días. Apenas finalice todo el tema del divorcio, me mudaré de nuevo. Ustedes saben, él sabe dónde buscarme y por eso tengo que esconderme bien. Además, quiero salir unos días del radar de mi familia. Conocen lo intensa que puede llegar a ser.

Los Galeano solían ser intensos cuando uno de sus miembros se encontraba en una situación difícil y Olivia estaba pasando uno de los peores momentos en su vida. Su mejor amiga, sintiendo envidia de ella, había comenzado a alimentar con malos comentarios y pensamientos a la ex pareja de Olivia. Le había dicho que ella se acostaba con otros modelos en los camerinos y, el muy imbécil, se había creído cada palabra. Así, Olivia había preferido guardarse la noticia de su embarazo para cuando las peleas cesaran, pero fue atropellada y lastimosamente había perdido a su bebé y a su esposo, pues luego de perder a su bebé no dudó en pedir el divorcio.

Ninguno de los dos fue capaz de cerrarle las puertas de nuestra casa, aunque, en definitiva, yo no estaba en mi mejor momento, pero también pensé en que podía ser bueno tener un poco de normalidad en mi vida y posiblemente con Olivia cerca existía la posibilidad de mantenerme sereno.

Por otro lado, la visita de Olivia también me había servido para darme cuenta de que la vida no solo me había cambiado a mí. Olivia estaba sufriendo por su pérdida y su matrimonio fallido, mientras otras personas disfrutaban de segundas oportunidades; como Leo, a quien afortunadamente los médicos habían podido salvar. No obstante, el ver que otros lograban salir de su oscuridad, y yo no avanzaba, no hacía más que hundirme más en la mía. Y la paz que había sentido al principio, al regresar a mi familia, se comenzó a evaporar lentamente hasta quedar en nada.

—Gracias por la cena, Lucy. Como siempre, todo estaba delicioso —dijo Olivia ayudando a levantar los platos. Tenía dos días de estar con nosotros y me sentía agradecido por no haber tenido ningún ataque de ansiedad enfrente de ella.

—De nada, estas en tu casa —respondió mi esposa. Se puso de pie y ayudó a arreglar la mesa hasta que, de repente, la vi tambalearse y sostenerse del borde.

—¿Estas bien? —pregunté. Ella asintió.

—Sí, solo me puse de pie muy rápido.

—Bueno, yo me encargaré de Ant, amor. Tú ve a descansar.

Nos despedimos por el día y Lucy se fue directo a descansar mientras yo fui a dormir a Ant. Leímos una historia sobre dragones con poderes mágicos hasta que se quedó dormido. Hasta ese momento parecía que iba a ser una noche común, pero mientras el cielo se oscurecía, la niebla de mis recuerdos comenzó a tomar forma de nuevo.

Todo comenzó con un sonido extraño en la cocina, como si algo se hubiese caído. Ese sonido resonó en mis oídos como un disparo lejano. Mi visión se estrechó. Las sombras de la guerra se cruzaron con la luz de la cocina que se reflejó bajo la puerta de la habitación, y, antes de que pudiera pensar, mi cuerpo y mi mente reaccionaron.

«¡Un enemigo!», fue lo primero que me vino a la mente. Salí como un disparo de la cama y fui hasta el lugar de donde provenía el ruido.

Tenía la mente nublada. Imágenes de los cuerpos de mis amigos llenaban mi cabeza, las explosiones, el sonido de los soldados gritando, las órdenes que nunca cesaban… entonces vi la sombra del enemigo que había irrumpido en mi casa y pensé en todos los que podían salir lastimados por su culpa: Ant, Lucy, Olivia. No podía permitir que le hicieran daño a mi familia. El terror, la ira, todo se mezcló y me dispuse a atacar.

Corrí hacia la sombra con la rapidez de un animal herido. La agarré por los hombros y la empujé contra la mesa; mi respiración estaba acelerada, mi pulso acelerado, el sonido de la guerra palpitaba en mi pecho y maldije el no tener un arma a la mano.

—¡¿Quién eres?! —grité.

La sombra trató de zafarse, pero yo la mantenía sujeta. Mis manos estaban firmes sobre sus brazos y mi cuerpo entero se tensó como un resorte a punto de romperse.

—¡¿Qué estás buscando?! Te juro que si le has puesto una mano encima a mí hijo voy a hacer que sufras hasta matarte. Vi su rostro, el miedo en sus ojos, y entonces algo, algo en mi interior, se rompió.

—Mi… Miles, Miles, por favor, soy Olivia —dijo la sombra. Tenía la voz cortada.

El mundo daba vueltas en mi cabeza. La ira incendiaba mi consciencia e instintivamente apretaba cada vez más el agarre. La amenaza no se podía ir, no cuando la vida de Lucy y Ant estaba en riesgo.

—Miles, por favor, soy Olivia. Me estás lastimando. —La sombra estaba llorando.

De repente sus palabras resonaron en mi cabeza: «Soy Olivia. Me estás lastimando». Y toda la niebla se dispersó. Solté de un empujón a Olivia y ella cayó al suelo, temblando. Seguía agitado. Sus ojos estaban llenos de horror y en sus brazos tenía las marcas de mis manos.

—Lo siento, lo siento mucho… —dije.

Olivia no se movía, simplemente me miraba y se sobaba los brazos. Caí al suelo junto a ella, cubriéndome el rostro con mis manos, tratando de entender qué demonios había pasado.

—Olivia —dije y me arrastré un poco hacia ella, pero ella se alejó.

Entonces alguien encendió la luz de la sala. Volteé a ver a Lucy, y en sus ojos estaba el mismo miedo que había visto en los ojos de Olivia.

—Miles… —su voz temblaba—. ¿Qué has hecho?

Estaba temblando en el suelo, mi cuerpo entero se sacudía como si tuviera fiebre. Lucy me miraba con esa mezcla de amor y desesperación, esperando alguna respuesta. En ese momento entendí que no podía seguir mintiéndole, ni a mí mismo. «Hay algo en mí que no está bien». Mi garganta se cerró cuando traté de hablar, cuando traté de disculparme, pero otras palabras sí salieron a la fuerza:

—No soy bueno para ustedes, Lucy —tenía la voz quebrada, llena de frustración—. Soy un desastre. No soy el hombre que te prometí que sería. No sé qué me está pasando. Todo se me está saliendo de las manos.

Ella me miró con el rostro lleno de lágrimas.

—Miles —su voz tembló al pronunciar mi nombre. Respiró y sus palabras se endurecieron—. Tienes que volver ir a terapia. Tienes que enfrentarlo. Lo que viviste allá, lo que te rompió, está controlando tu vida. Tienes que hacerlo por ti, por Ant, por mí. Por nosotros.

Todo lo que tenía dentro de mí se rebeló. No podía solo. No ir al psicólogo no estaba ayudando de nada. En lugar de sentirme mejor, estaba perdiéndome cada vez más. Me sentí atrapado, perdido, como si cada intento por seguir adelante solo me arrastrara más hacia el abismo. Mi mente ya no me pertenecía.

—Lo siento, Lucy, lo siento. Solo les haré daño.

Lucy se quedó en silencio, pero su mirada no se apartó de la mía.

—¿Qué quieres decir con eso, Miles?

Suspiré. Listo para renunciar a todo lo que ya había perdido.

—No puedo quedarme aquí más tiempo, Lucy.

No podía seguir siendo un peligro para ellos. No podía seguir con el peso de mis fantasmas sobre mis hombros, sabiendo que cada vez que me miraran, verían al hombre que los había lastimado. Se lo acababa de hacer a Olivia, no iba a esperar a que luego siguiera Lucy o Antonio. Ellos no se merecían eso.

Me levanté sin decir una palabra más y caminé hacia la habitación, dejando a Lucy parada en el umbral del pasillo, sin poder hacer nada para detenerme. Agarré una mochila, mis documentos y un par de mudas de ropa.

—Miles, ¿qué estás haciendo? No puedes solo irte y dejarnos así. Solo necesitas aceptar la ayuda. No estás solo, cariño. Yo estoy aquí. Háblame, Miles. —Lucy se acercó y me abrazó por la espalda con fuerza.

—Necesito volverme a encontrar, Lucy. Necesito saber que no soy un obstáculo más para su vida. Tú has dejado todo por estar pendiente de mí. Hasta el ir por el mundo presentando tu libro, algo que te tenía tan feliz. Ya no quiero detenerte. Veo el cansancio en tus ojos, veo cómo esa luz que brillaba en ellos se ha ido apagando por mi culpa.

—Por favor, no nos dejes, Miles. No de nuevo —su voz me partía el alma.

—Lo siento, pero no puedo quedarme y ver cómo con mis propias manos podría destruir lo que más amo.

—No lo hagas. ¡No te vayas! Te necesito.

En ese momento me solté de su agarre.

—Es lo mejor para todos, Lucy.

Olivia entró a la habitación después de escuchar el grito de Lucy.

—Miles, yo… yo entiendo que te sientas mal por lo que pasó, pero no solo puedes irte y dejar a tu familia.

Lucy te necesita.

Me volteé para mirarla y Lucy le había cogido las manos.

—No lo voy a detener más —dijo en voz baja—. Si eso es lo que él quiere, que luego no se arrepienta de la decisión que tomó. —Y sin decir más, salí de la habitación.

De camino a la salida pasé por la habitación de Ant, quien dormía despreocupado, le dejé un beso en su frente y continué. Antes de salir me topé con una libreta y un lápiz. Tomé una hoja de papel, escribí unas pocas líneas con la mano temblorosa, y dejé la nota sobre la mesa de la entrada.

Lucy,

No soy el hombre que tú necesitas. No puedo seguir aquí. Necesito estar solo, arreglar esto, por mí y por ustedes. No sé si esto podría mejorar o empeorar, pero prefiero que ustedes no sean testigos de cómo mi mente me destruye poco a poco.

Los amo tanto que me da miedo hacerles más daño.

Capítulo 6

El sol por fin iluminó las calles de Nueva York, esas que nunca se detienen y donde nunca hay silencio. El bullicio de la ciudad, el ruido de los autos, las bocinas, la gente apurada, todo seguía su curso, mientras yo caminaba como un espectro entre la multitud.

Sin un rumbo claro me perdí en esas calles. Tenía un vacío en el pecho que no sabía cómo llenar, algo de dinero y una mochila. No sabía a dónde ir, ni quién era. Lo único que tenía claro era que la ciudad parecía una cárcel y, al mismo tiempo, un refugio. Había algo en la multitud que me hacía sentir invisible, y en el aire algo me susurraba que debía irme. Entonces le hice caso.

La despedida fue muda. Nadie me vio irme. Las últimas palabras las había dado la noche anterior y me dirigí hacia el sur, dejando atrás la ciudad que nunca perdona. Una moto vieja fue mi única compañera. La había encontrado en un taller de segunda mano en las afueras de Nueva Jersey, un modelo algo oxidado, pero lo suficientemente fiable para lo que quería hacer. Era una Harley Davidson antigua que, a pesar de su desgaste, tenía alma. Los primeros kilómetros fueron un escape, una fuga. El viento en mi cara, el rugir del motor, la sensación de velocidad, todo me envolvía y me hacía sentir por un momento que podía ser alguien más. Alguien lejos de las sombras que me perseguían. A veces, solo el sonido de la carretera era lo único que me mantenía cuerdo.

La autopista era interminable. Se extendía frente a mí como un mar de asfalto. El horizonte era lejano, incierto, pero eso no importaba. Solo importaba estar en movimiento. Todo lo demás era solo ruido, ruido de mi cabeza, de los recuerdos que se apoderaban de mí.

Pasé un tiempo sin saber de mi familia. No pude deshacerme del teléfono, aunque mantuvo todo el tiempo en modo avión, o apagado. Para lo único que lo usaba era para ver de vez en cuando las fotos y videos de Lucy y Ant para no olvidar el por qué necesitaba reencontrarme. Había recorrido ya siete estados del país y estaba viajando rumbo al octavo.

Cuando llegué a Knoxville, en el estado de Tennessee, el cielo estaba gris y la tierra empapada por la tormenta. Había manejado ya varias horas y mi cuerpo empezaba a sentir el peso del viaje. La moto crujía y su motor, un poco cansado, apenas se mantenía; ya la había tenido que reparar en tres ocasiones. Necesitaba descansar, por lo que decidí detenerme debajo de un puente.

Miré hacia un lado y vi un bulto cubierto por cajas de

cartón y, al lado de este, había una silla de ruedas con bolsas reciclables intentando ocultarla de la lluvia.

Me acerqué a ver qué era lo que cubrían las cajas y dentro estaba un hombre de edad avanzada, con la piel curtida por el sol. Llevaba una camisa a cuadros y un pantalón beige desgastado. Su cara estaba arrugada por los años y no tenía una de sus piernas.

—¿Buscas algo, hijo? —dijo con voz rasposa. Me sorprendió que no se asustara al verme invadir su privacidad, aunque parecía más acostumbrado a las visitas inesperadas que yo a las conocidas.

Me quedé parado con el casco en la mano y, por un momento, me sentí llamado a saber su historia.

—¿Te puedo ayudar en algo? —preguntó de nuevo.

El hombre me miró un momento, se sentó y, como si pudiera leer mi mente, sonrió.

—Supongo que te interesa saber qué ocurrió.

Yo Afirmé.

Con la tormenta llenando la ciudad y el motor viejo descansando, no tenía mucho que hacer, así que me senté a su lado y dejé la mochila sobre el suelo. El sonido de la lluvia golpear todo a su paso emanaba algo de calma. El hombre, a pesar de la edad y su pierna perdida, parecía sereno, como si hubiera hecho las paces con lo que le había tocado vivir.

—¿De dónde vienes? —me preguntó sin mirarme directamente, como si ya supiera que la respuesta no era simple.

—De... de ningún lugar. —No supe cómo responder.

No sabía si quería contarle mi historia—. Solo estoy andando. Necesitaba alejarme de todo.

El hombre asintió lentamente. Su mirada era intensa, como si hubiera visto demasiado, como si hubiera caminado por un abismo similar al que yo me encontraba.

—Perdí la pierna en algún lugar del desierto, mientras ayudaba a una familia a reubicarse en Bagdad —lo dijo como si no fuera un gran asunto. Como si el dolor ya no fuera algo que lo definiera—. También perdí mi razón, mi vida, mi familia y muchos de mis amigos. Pero eso último no me lo quitó una bala, fue por mi propia cabeza, hijo. Lo peor que te llevas de ser un soldado no son las heridas, es lo que te queda dentro. Lo que jamás olvidas.

Sus palabras me golpearon con fuerza. No pude evitar pensar que tal vez este hombre entendía algo que yo había estado evitando.

—¿Cómo lo manejas? —pregunté sin pensar.

El hombre sonrió, pero no era una sonrisa de consuelo, sino de comprensión.

—Primero que nada, me gustaría saber tu nombre.

—Miles, Miles Milligan.

—Mucho gusto, Miles. Yo soy Noah Harris. Respondiendo a tu pregunta, a veces no lo hago. A veces simplemente no tengo ganas de nada, o busco ocuparme en lo que sea para poder conseguir algo de comer. Lo que me pasó, lo que vi, lo que perdí, eso no se va a ir, hijo. Lo único importante es cómo decides vivir después. Nadie puede hacerlo por ti. Yo siempre viviré arrepentido de haber abandonado a mi familia. Me alejé tanto que después no pude volver. Ya ni recuerdo sus rostros, sus direcciones. No sé si mis hijos tendrán familia o si su madre hizo su vida, o si sigue viva. No sé nada.

—¿Qué tal si vamos hasta ese restaurante de comida rápida y seguimos conversando? —propuse, viendo que la lluvia había cesado casi por completo.

Mientras él se ubicaba en su silla de ruedas, yo rodeé en la salida más cercana hasta verlo afuera del restaurante esperando por mí. Pedimos un combo cada uno y, mientras comíamos, hablamos un poco sobre mí y mis razones para irme lejos de mi familia, y él pareció no juzgarme. Solo me dio la razón y me dijo que estaba joven y que no dejara que mis miedos me dominaran.

—¿Por qué no pediste ayuda? Me imagino que debió haber quien se acercara para ayudarte. —comenté cuando él me contó más sobre su historia.

—Eres muy ingenuo, Miles. ¿Quién se va a acercar a mí? Soy un hombre viejo, sucio y sin una pierna. Asusto a los niños con solo verme sentado, pidiendo un par de centavos para poder comprar algo de comida dentro de la gasolinera. —Su situación era lamentable. Algo dentro de mí me decía que no debía darle la espalda, que lo ayudara.

—¿Y dónde duerme, normalmente? —pregunté.

—Donde me agarre la noche. Los mejores lugares para dormir son cerca de los basureros de las comidas rápidas o restaurantes. Algunos de los jóvenes que trabajan por aquí cerca me dan algo sin ese detestable detergente que le colocan a la comida que les sobra y tiran a la basura —comentó, balbuceando con la boca llena.

—Bueno, parece que hoy tendré compañero en mi habitación de hotel —dije y se atragantó con su soda.

—¿Dejarás a un indigente entrar a tu habitación de hotel? —preguntó con algo de incredulidad.

—Sí, es como cuando nos tocaba compartir la habitación con los demás soldados.

—¿No tienes miedo a que robé tus cosas? —preguntó y negué.

—No, porque algo que aprendimos muy bien en la milicia es a no tocar lo de nuestro compañero, ¿no es así? —Sus ojos brillaron, se empezaron a llenar de agua y movió su cabeza en afirmación.

No dijimos nada más, nos concentramos en nuestra comida. Al terminar caminamos a una tienda de conveniencia y compramos algunas cosas para él. Las personas se nos quedaban viendo, más a él que a mí y, al momento de pagar, la señora que nos atendió, nos regaló una sonrisa.

—Iré al baño —dijo en lo que estaba pagando las cosas.

—Estás haciendo una muy bonita labor muchacho. Tu familia debe sentirse muy orgullosa —dijo la señora. Sus palabras fueron como espinas punzando mi corazón. Mi familia no sabía nada de mí desde hace más de tres meses.

Algo dentro de mí se desmoronó. Estuve huyendo,

buscando respuestas en todas partes, pero la verdad era simple: No podía seguir corriendo. Debía volver y enfrentarme a mi nueva normalidad.

Al salir del restaurante caminamos hasta el hotel más cercano y me di cuenta de que era uno de estancia a largo plazo. Por lo que, mientras Noah se daba un baño, bajé a la recepción y pagué con una de mis tarjetas la estancia para tres meses. La reservación quedó a nombre de Noah, bajo mi responsabilidad. Volví a la habitación y nos quedamos horas hablando sobre varios temas.

—¿Te quedarás? —preguntó y negué de inmediato.

—No puedo quedarme. Tengo que volver. —dije con voz firme. Había entendido que, de haber seguido por el camino que iba, iba a perder a mi familia.

Tomé mi teléfono, lo encendí, quité el modo avión del aparato y, por primera vez en mucho tiempo, mi teléfono volvió a sonar con fuerza. Uno a uno fue llegando cada mensaje de voz, mensaje de texto y notificaciones de otras aplicaciones. Tenía miles de mensajes de Lucy, mi madre, Lucas. La lista era interminable. Sin embargo, al abrir el último mensaje de mi madre, caí de rodillas al suelo. Era una fotografía que fue como una bofetada a la realidad.

Mi respiración se agitó y la impotencia me comenzó a llenar. Yo había sido el que había elegido marcharse, el que creyó que todo iría mejor si no estaba. Pero esa foto lo cambiaba todo. «Tu esposa, celebrando su cumpleaños con tus dos hijos». Decía el mensaje junto a la fotografía.

—¿Estas bien, muchacho? —preguntó Noah.

—Tengo que volver a casa, ahora —dije y él sonrió.

—Esa es la actitud.

Bajo la atenta mirada de Noah, aproveché el momento para comprar un vuelo directo al John F. Kennedy con salida desde el aeropuerto más cercano, lo más pronto posible.

—Pagué una estancia para ti por tres meses —dije mientras buscaba el vuelo. Noah se había estado preparando para volver a la calle—. Puedes quedarte tranquilo. La estancia cubre los tres tiempos de comida y vendrán a ayudarte con la limpieza. Además, solo necesito que me des tus datos para poder ayudarte a buscar a tu familia. Por lo pronto, este es mi número de teléfono, llámame cuando quieras.

Noah se quedó sin palabras por un momento y unas pocas lágrimas corrieron de sus ojos.

—La vida sabrá premiarte esto que estás haciendo por mí, hijo. No te dejes ganar por los episodios de dolor, aprende a vivir con ellos. El pasado no se olvida, pero se puede aprender a vivir con él.

Estreché mi mano con la suya en agradecimiento, le dejé los documentos, el casco y las llaves de la moto para que la vendiera y eso le dejara algo de efectivo.

Salí de ese lugar con la misma desesperación con la que había dejado mi casa, esa a la que me moría por regresar y a la que posiblemente no se me permitiría volver a entrar.

Capítulo 7

El sol comenzaba a esconderse detrás de las colinas cuando llegué a Bronxville, el lugar que alguna vez llamé hogar. La ciudad estaba más quieta de lo que la recordaba, la misma calma que solía sentir cuando salía a caminar por la tarde con Lucy, cuando las luces de las casas se reflejaban en las calles mojadas por la lluvia. Pero al regresar, algo había cambiado. El aire olía diferente y el silencio tenía un peso que no podía ignorar.

Mis pasos resonaron en la acera como un eco distante mientras me acercaba a la casa, la casa que había compartido con Lucy y Anto; la casa que había dejado atrás sin una palabra, sin despedida, solo con una nota escrita a mano.

Cuando llegué a la puerta, la vi cerrada, tranquila, como si todo estuviera en su lugar. Sin embargo, no lo estaba. La pesadez de lo no dicho flotaba en el aire. Toqué el timbre y, antes de que el sonido pudiera desvanecerse, Lucas abrió la puerta.

No era como lo recordaba. La preocupación y el cansancio marcaban sus ojos. Sus hombros estaban tensos, su rostro más endurecido que la última vez que nos vimos. Nos miramos en silencio por un largo momento, ninguno de los dos sabía qué decir. Finalmente, Lucas fue el primero en hablar.

—¿Qué haces aquí, Miles? —su voz era baja, pero contenía una rabia palpable. Yo solo lo miré sin saber qué decir. Todo lo que pensaba estaba atrapado en mi garganta y, al final, lo único que pude hacer fue balbucear.

—Vine a ver a Lucy y a Antonio.

Lucas resopló. Su gesto era de alguien que ya sabía a lo que venía, alguien que había visto esa escena mucho antes de que yo decidiera regresar.

—¿De verdad? —su tono cambió—. ¿Eso es todo? ¿Después de todo lo que pasó, eso es lo que tienes para decir?

Me quedé en el umbral de la puerta, sintiendo su mirada, sin saber cómo continuar.

—Lucas, Yo... —traté de explicarme, pero las palabras se me enredaron—. Lo siento. He estado perdido. No sabía cómo enfrentarme a todo lo que me había pasado.

Lucas no dijo nada durante un rato. Solo me miró y sentí sus ojos perforando mi alma. Luego suspiró y dio un paso atrás.

Dentro de la casa, el ambiente estaba frío, más de lo

que recordaba. No había risas, no había la calidez de antes. Lucy estaba sentada en el sofá, pero su mirada ya no era la misma. Había una distancia en sus ojos, un muro que parecía invisible, pero que resaltaba por todo el lugar.

—¿Qué estás haciendo aquí, Miles? —aunque no me gritó, sus palabras me golpearon como un látigo.

—Lucy, lo siento... —traté de acercarme, pero algo en su postura me detuvo. Ella me miraba como si fuera un extraño, como si no me conociera. Antes de que pudiera decir algo más, Lucas intervino.

—Seguro no tienes ni idea de lo que le hiciste, ¿no es así, Miles? —dijo, su voz cargaba ira.

Me quedé en silencio, incapaz de defenderme. No sabía qué había ocurrido, pero sabía que yo tenía la culpa. Mi ausencia había dejado una herida en ella, algo que no podría borrar ni dando mi vida a cambio. Lucas se acercó más, su expresión era cada vez más dura.

—¿Cómo puedes mirar a Lucy y decir únicamente «lo siento»? —preguntó—. ¿Cómo puedes ser tan egoísta, Miles?

—No soy el hombre que crees que soy —esas palabras salieron de mi boca sin pensarlas. Lucas negó con la cabeza, frustrado, y se dio la vuelta para caminar hacia la ventana. El aire entre los tres se volvió más denso, entonces Lucas habló nuevamente, con una calma que me heló.

—Miles, lo que le hiciste a Lucy no tiene perdón. Y no hablo solo de irte sin decir nada, de desaparecer, de dejarla…, hablo de lo que le hiciste a ella cada vez que volviste a ser esa persona, ese hombre roto que se refugia en sus propios demonios.

Me sentí como si me hubieran golpeado. Sus palabras fueron tan duras, tan reales, que se me quedaron clavadas en el pecho.

—Y lo peor es que ella te ama. A pesar de todo, a pesar de lo que has hecho. Pero tú... tú no eres bueno para ella, Miles. Y si no lo entiendes, si no lo ves, entonces tienes que dejarla ir.

Mi respiración se aceleró. No sabía cómo reaccionar ante eso. Lucas, mi amigo de toda la vida, mi hermano en todo, menos por sangre, me estaba dando un ultimátum.

—¿Qué estás diciendo? —musité con voz rota.

—Estoy diciendo que, si no puedes buscar ayuda, si no puedes enfrentarte a tu pasado y a tus demonios, entonces tienes que dejarla ir. —Lucas me miró directamente, sin ningún rastro de piedad en su mirada—. El amor también es dejar ir, Miles. Es dejar ir para que ella pueda ser feliz, aunque eso signifique que no seas tú quien la haga feliz.

Me quedé sin palabras. Los recuerdos de la guerra, de la explosión, de las noches sin dormir, de las caras de mis amigos muertos... todo eso se entrelazaba en mi cabeza, haciéndome sentir como si fuera incapaz de hacer algo, de ser algo más que un hombre roto. Lucy me miraba desde el sofá, con los ojos llenos de lágrimas. El tiempo que había pasado me había cambiado más de lo que pensaba. Lucas dio un paso hacia mí y puso una mano en mi hombro, como un gesto de despedida.

—Si realmente la amas, Miles, haz lo que tienes que hacer. Busca ayuda. Pero si no lo haces, si no eres capaz de ser el hombre que ella necesita, entonces déjala ir. Déjala ser feliz.

Las palabras de Lucas retumbaron en mi mente de nuevo mientras él se giraba y salía de la habitación, dejando el espacio entre Lucy y yo aún más grande. La distancia entre nosotros era ahora un abismo que ni el amor, ni el tiempo, iba a poder salvar. Me quedé allí, de pie, sintiendo que el último hilo de esperanza que había tenido se deslizaba entre mis dedos. Las palabras de Lucas fueron solo la confirmación a mis pensamientos.

—Es mejor que te vayas, Miles —dijo Lucy entre suspiros—. No quiero que Ant vuelva de donde mis padres y te vea aquí. Ya escuchaste a Lucas. No estoy segura de qué fue lo que te hizo volver, y espero que no haya sido la noticia de mi embarazo, pero Lucas tiene razón.

Me acerqué a ella, pero elevó su mano.

—Lo siento, Lucy, no debí haberme ido de esa manera, pero… entiéndeme.

—Te entendía, Miles. Lo hacía. Por eso te di tu espacio cuando me aconsejaban que eso debía hacer y estuve cerca cuando me dejabas estar cerca. Intenté que mi amor fuera suficiente para ayudarte a superar tu trastorno, sin embargo, entendí que no era yo la que necesitaba pedir o buscar ayuda por ti. Asumí una responsabilidad que no me correspondía. Me dolía cada vez que dejabas tu tratamiento sin pensar en nosotros o en las consecuencias que eso podría traer, pero ya no puedo seguir asumiendo la responsabilidad por ti, así que te pido que mientras no aceptes volver a tus terapias, no vuelvas aquí. Ant necesita a su padre, pero también necesito que su padre sea capaz de enseñarle que los problemas se deben afrontar.

Me lastimó verla en ese estado. Un estado que posiblemente la había acompañado todo ese tiempo, y no me pude resistir. Me acerqué a ella y me senté a su lado. Intenté abrazarla, pero ella no me lo permitió. pero no fue correspondido, y eso solo hizo más grande la herida.

—Iré a terapia, amor. Juro que sin importar lo difícil que sea, lo haré y lograré volver a ser merecedor de ustedes.

—No lo digas, hazlo. Por lo pronto creo que tu madre podría recibirte en su casa —dijo y se puso de pie. Caminó hasta la puerta y la abrió para que yo saliera.

Capítulo 8

El otoño había llegado a la pequeña comunidad de Bronxville como una herida suave, profunda, casi invisible. Las hojas caían con una elegancia triste, cubriendo las aceras y las calles con una alfombra crujiente que sonaba bajo mis pies. El viento soplaba entre los árboles, agitando las ramas desnudas que ya se preparaban para el frío que llegaría con el invierno. Todo en la naturaleza parecía anunciar el cambio, y, sin embargo, para mí, todo seguía igual. Mi vida seguía en el limbo, atrapada entre lo que había sido, lo que era y lo que posiblemente ya nunca sería.

Estaba muy próximo a cumplirse un año desde el cumpleaños de Ant. Aquel fatídico día en que los recuerdos se apoderaron de mí y el estrés postraumático me empujó a romperlo todo. El vacío que había dejado en Lucy y mi hijo era profundo, y yo era el culpable.

Había intentado recuperarme de alguna forma, pero todo esfuerzo había sido inútil. Ya estaba en terapia, llevaba cumplidas tres sesiones buscando algo de paz en medio del caos que seguía apoderándose de mi mente por leves momentos, pero no importaba cuánto luchara, el vacío seguía ahí. Las sombras del pasado nunca parecían dejarme tranquilo. Todo seguía en mi mente como una película que nunca se detenía. Y mientras yo trataba de sanar, Lucy seguía adelante, como siempre lo había hecho. Mi madre me recibió con unas merecidas bofetadas que solo reafirmaba el inmenso dolor que les había causado. Nunca imaginé que la vida seguiría sin mí, pero lo hizo. Lucy había seguido adelante como una madre valiente que no dejaba que el miedo ni el dolor la vencieran. Ella había cuidado de Antonio y, al parecer, había encontrado el coraje para seguir adelante con el embarazo, aunque yo no estuviera allí para compartirlo con ella.

La casa de Lucy y Ant estaba callada cuando llegué esa tarde. Los árboles alrededor crujían y gemían bajo la brisa. Todo a mi alrededor parecía mutar, como si el aire estuviera pesado con el peso de mis errores. Me quedé parado frente a la puerta por unos segundos, sintiendo el nudo en mi estómago. Me dolía ver cómo las cosas habían cambiado. No sabía si Lucy estaba dispuesta a verme, si siquiera quería hablarme, pero me iba a ofrecer a ayudar para el cumpleaños de mi hijo.

Segundos después de llamar a la puerta, esta se abrió lentamente, como si ya esperara que yo estuviera allí, aunque no había razón para ello. Lucy apareció en el umbral. Su rostro estaba sereno, aunque sus ojos traían consigo una especie de tristeza contenida. Sus labios se apretaron un momento antes de hablar.

—¿Qué haces aquí, Miles? —Me quedé atónito.

Sabía que no merecía estar allí. Sin embargo, ya había llegado hasta la puerta de la casa e intentaría con todas mis fuerzas recuperar a Lucy y lo que teníamos. Me agaché lentamente, como si todo mi cuerpo estuviera lleno de culpa. Mis rodillas tocaron el frío suelo de la entrada y, al hacerlo, sentí que una parte de mí comenzaba a desmoronarse.

—Te pido perdón, Lucy —mis palabras salieron entrecortadas, y vi las hojas secas caer alrededor de mí como si el mundo estuviera en silencio, observándome—. Te fallé. Te fallé a ti, a Anto, a nosotros. No sé si puedo sanar todo esto, pero quiero intentarlo. Te prometo que lo intentaré.

Lucy me observó en silencio. Su rostro era implacable, pero había algo en sus ojos que me hizo pensar que tal vez, solo tal vez, ella todavía me amaba. El viento sopló con más fuerza, llevando las hojas secas por el aire. El otoño estaba ahí siendo un testigo inevitable de todo lo que había sido y lo que ya no era. La incertidumbre, el arrepentimiento, el miedo. Todo se unía en un solo grito mudo. Finalmente, Lucy suspiró y, después de un largo silencio, sus palabras llegaron.

—Tienes que hacer más que pedir perdón, Miles. Tienes que ser valiente, más que nunca. No sé si puedo volver a confiar en ti. No sé si el amor puede sanar lo que rompiste.

El dolor en su voz me atravesó. Pero luego vi que algo en su mirada cambió. Ella dio un paso atrás, casi con miedo, y me miró una vez más.

—Pero... —la palabra sonó como un suspiro—. El bebé está por llegar, y Ant necesita su padre. Quizás podemos empezar por ahí. Solo no esperes que todo sea fácil, porque no lo es, Miles. Y no sé si algún día lo será.

Me quedé allí, de rodillas, en la entrada de la casa que alguna vez fue mía. Mi alma estaba rota, mi cuerpo cansado, pero por primera vez en mucho tiempo había una chispa de esperanza de que pudiera reconstruir lo que había destruido. Así, mientras Lucy se alejaba hacia el interior de la casa y el viento siguió soplando, arrastrando las hojas que caían, sentí que estaba listo para enfrentar lo que había estado evitando: mi propia verdad, el inicio de nueva historia.

Acordamos celebrar el cumpleaños de Ant en casa, con los familiares más cercanos. Cuando Ant me vio después de tanto tiempo sus ojitos brillaron de felicidad. Me pareció increíble la inocencia de un niño que perdonaba a su padre en un segundo, incluso después de que él había destruido su familia. Corrió a mí, me abrazó y abracé su pequeño cuerpo sin poder contener un par de lágrimas que se acumularon en mis ojos.

—¿Ya no nos dejarás solos? —la elocuencia con la que hablaba, y su pregunta, me asustaron. Era como su hubiera crecido más de un año desde la última vez que lo había visto.

—Eso no volverá a pasar, campeón. Cuéntame, ¿cómo te portaste cuando papá no estuvo?

Y con eso iniciamos una larga y tendida conversación. Luego Lucy me invitó a quedarme a cenar y la visita se extendió hasta que fue hora de que Ant se durmiera. Me dolió no poder compartir esos momentos con ellos, pero era parte del proceso.

Los días parecían pasar en una secuencia más estable, a un ritmo repetitivo, pero cómodo. Las terapias, las citas, las horas en el gimnasio, el jardín, las caminatas por el vecindario. Todo era un intento consciente por reconstruir algo que alguna vez se había sentido inalcanzable. Volver a ser yo. Volver a ser el hombre que mi familia necesitaba.

La lucha con mis recuerdos seguía ahí, oculta, pero siempre estaba presente. Había días en que los fantasmas de la guerra se desbordaban, arrasando con mi calma y mi cordura. Las peores noches eran las silenciosas; cuando la casa no emitía ni un ruido y mi mente se llenaba con imágenes de la guerra. Los recuerdos eran monstruos implacables que no podía controlar. Por eso, cuando el psicólogo me sugirió probar la hipnosis, no lo dudé ni un segundo. Sabía que las opciones para sanar eran limitadas, pero algo dentro de mí, algo más profundo que la lógica, me decía que debía intentarlo. Tal vez la hipnosis me ayudaría a enfrentar esos recuerdos, tal vez me permitiría liberarme de las imágenes y sensaciones que me perseguían por momentos.

—Miles, la hipnosis no es una cura mágica. —El psicólogo, el Dr. Donovan, me miró como si tratara de despojarme de todas las expectativas irreales que tenía—. Lo que intentaremos es algo llamado «hipnosis terapéutica». Básicamente, lo que haremos será guiar tu mente hacia un estado de relajación profunda. Desde ahí trabajaremos para acceder a los recuerdos que te están causando angustia y, poco a poco, te ayudaremos a procesarlos.

Yo lo escuchaba atentamente, con una mezcla de curiosidad y escepticismo. Nunca había sido alguien que creyera en esas cosas místicas, pero también sabía que mi situación era desesperada, y si había una posibilidad de encontrar paz, entonces valía la pena.

—¿Y cómo sabré si funciona? —pregunté, aunque no tenía realmente mucha esperanza de obtener una respuesta clara.

—No lo sabremos hasta que lo intentemos. Lo importante aquí es que te concentres en lo que sientes, en lo que piensas, y que seas honesto contigo mismo. Este proceso requiere de tu cooperación total. No te obligaré a recordar nada que no quieras. La clave es el control, Miles. Tú controlas lo que estás dispuesto a revivir y procesar. Yo solo seré un guía.

Mi mente se debatía entre el miedo a lo desconocido y la urgencia de enfrentar lo que me atormentaba. Pero sabía que, si quería volver a ser el hombre que mi familia necesitaba, tenía que enfrentar el monstruo de frente, sin importar cuán aterrador fuera.

—Estoy listo. Estoy dispuesto a hacer lo que sea —dije con determinación, tratando de ignorar el pequeño temblor en mi voz.

El Dr. Donovan asintió con una leve sonrisa. Parecía comprender que había llegado a un punto en el que ya no podía retroceder, que las puertas de mi mente no se podían cerrar por más tiempo. El proceso comenzó en una pequeña habitación del centro de salud, con luces suaves y una atmósfera tranquila. Me acomodé en una silla reclinable, mis piernas y brazos estirados, mi espalda completamente relajada. El Dr. Donovan me pidió que cerrara los ojos y me concentrara en mi respiración. Cada vez que mi mente intentaba divagar, me guiaba de nuevo a la calma.

—Respira profundo, Miles. Siente cómo el aire entra por tu nariz y llena tus pulmones. Siente la relajación que va invadiendo tu cuerpo, cómo los músculos se van aflojando, cómo cada parte de tu ser se relaja, se libera.

Lo hice. Intenté concentrarme en el ritmo de mi respiración, en cómo cada exhalación se llevaba el peso de mis preocupaciones y parecía funcionar. Poco a poco mi cuerpo comenzó a sentirse más liviano, más tranquilo. Las tensiones de la vida cotidiana y el dolor de los recuerdos se fue desvaneciendo, al menos momentáneamente.

—Ahora, imagina que estás descendiendo por una escalera, muy despacio. Cada peldaño que bajas te lleva más profundo en tu mente. En cada paso te sientes más relajado, más en paz. Baja con calma, sin prisa, sintiendo cómo tu mente se abre, cómo te adentras en un espacio seguro.

Lo visualicé claramente. Las escaleras, viejas pero familiares, descendían ante mí. Cada peldaño era un paso hacia un lugar más oscuro, pero a la vez más tranquilo. El sonido de mis respiraciones se fue diluyendo, y lo único que quedaba era el eco de las palabras del Dr. Donovan, guiándome con suavidad. Cuando llegamos al fondo de esa escalera, me sentí completamente liberado, pero también vulnerable. El Dr. Donovan, desde su voz distante, me pidió que me concentrara en lo que quería explorar.

—Miles, ahora que estás profundamente relajado. Te

invito a que traigas a tu mente lo que más te angustia. No tienes que forzar nada. Simplemente deja que los recuerdos vengan, pero sin temor. Estás seguro, todo lo que experimentes aquí estará bajo tu control.

En ese instante, sentí una oleada de miedo. Mi primer impulso fue resistirme, aferrarme a las capas que había puesto sobre esos recuerdos. No quería verlos, no quería revivir esa pesadilla. Pero entonces sentí una extraña calma. Los recuerdos comenzaron a llegar uno tras otro, no con la ferocidad que temía, sino con una claridad que me hizo temblar. Vi a mis compañeros de la unidad, sus risas, sus bromas, y luego vi la explosión. Vi cómo todo se desmoronaba, cómo el fuego se elevaba, cómo el sonido de la metralla cortaba el aire; vi las caras de Brown y dos más de mis soldados, sus ojos llenos de miedo, y luego... silencio.

Las lágrimas comenzaron a salir solas. Sentí el dolor en mi pecho como si hubiera sido un dolor físico y se me empezó a dificultar respirar. No obstante, en medio de todo eso, algo comenzó a cambiar. El Dr. Donovan seguía hablándome, calmándome, guiándome a través de cada imagen, ayudándome a entender que no estaba allí, que no era un soldado más en ese campo de batalla. Que era Miles y estaba a salvo.

El proceso tardó un buen rato. Cuando salí de la hipnosis, sentí como si hubiera corrido un maratón. Mis ojos estaban hinchados por las lágrimas y mi cabeza retumbaba con los ecos de lo que acababa de revivir. Pero había algo nuevo en mí. Algo que no estaba allí antes. Una ligera sensación de liberación.

El Dr. Donovan me miró con una sonrisa tranquila.

No era una victoria completa, pero era un primer paso.

—Bien hecho, Miles. Has enfrentado lo que más temías. Ese es el camino. No se trata de borrar los recuerdos, sino de aprender a vivir con ellos, de tomar el control.

Me senté allí, con el corazón acelerado, sabiendo que lo que acababa de hacer no cambiaría el pasado, pero tal vez podría enseñarme a vivir con él.

—Estoy listo para seguir luchando —respondí, con más determinación que nunca. Por mi familia, por mí.

Y aunque el camino aún era largo, ahora tenía una razón más clara para caminarlo: el hombre que alguna vez fui estaba regresando. Y esta vez no iba a dejar que los recuerdos me destruyeran.

El sol comenzaba a ocultarse detrás de las casas y el cielo se teñía de un naranja suave cuando llegué a la puerta de la casa de Lucy. Estaba acostumbrado a este ritual, a aparecer casi todos los días después de mis terapias, de mi trabajo en el jardín, de mis entrenamientos. Me sentía como una sombra familiar, siempre presente, pero intrusivo. Lucy y Ant se habían convertido en mi ancla, mi razón para continuar luchando por reconstruir mi vida.

Llevaba una bolsa con una mezcla de frutas, como todos los días, algunas que Lucy solía adorar y otros postres que podía degustar. No sé si era una forma de pedir perdón por todo el tiempo perdido o una manera de demostrarle, en cada gesto, que me importaba. Quizás solo me sentía mejor sabiendo que estaba haciendo algo por ella.

La puerta se abrió con un chirrido bajo y apareció Lucy, con una sonrisa cansada pero sincera. Estaba radiantemente hermosa. Tenía su cabello recogido en una coleta sencilla y su rostro resplandecía a pesar de la incomodidad de su embarazo.

—Hola, guapo —dijo con una sonrisa y una calidez que me hizo sentir bienvenido. Sin embargo, noté la ligera incomodidad en su rostro.

—Hola, Lucy. Traje frutas, algunas fresas, mangos... y tus pasteles favoritos. Pensé que tal vez te apetecían — respondí mientras le entregaba la bolsa con la esperanza de que le hiciera ilusión.

Lucy miró la bolsa, luego volteó a verme.

—Miles... no necesitamos tantas cosas, en serio. No vamos a poder comer todo esto y se va a echar a perder.

Mi corazón dio un pequeño salto y sentí una punzada de frustración. No por lo que decía, sino porque sabía que, de alguna manera, estaba tratando de hacer más de lo que debía. Era mi manera de controlar algo, de sentir que podía dar algo cuando me sentía tan impotente en otros aspectos.

—Lo siento. Solo quiero ayudarte. Me esfuerzo por complacer tus antojos —respondí un poco apenado, sin saber exactamente si mis acciones estaban siendo bien recibidas—. Si te incomoda, no lo haré más. Pero... es solo que quiero que te sientas bien, Lucy.

Sus ojos reflejaban una mezcla de comprensión y amor, y aunque sus palabras mostraron una pequeña preocupación, había algo de ternura en su tono.

—No es que me incomode, Miles, es solo que no

quiero que te sobrecargues por cosas que no son necesarias. Sabes que me haces feliz con cualquier cosa, incluso solo con estar aquí.

Le di una leve sonrisa, aliviado de que no estuviera molesta. Sin embargo, antes de que pudiera decir algo más, ella se llevó una mano al vientre y su rostro se tensó.

—Lucy, ¿te pasa algo? —pregunté, alarmado al verla tan seria de repente.

De inmediato me acerqué a ella con el corazón acelerado. Lucy intentó sonreír, pero su expresión delataba algo de incomodidad.

—No te preocupes, es solo que... —pausó un momento y sus ojos se suavizaron mientras me miraba—. Nuestro bebé se está moviendo mucho hoy.

—¿Quieres que te ayude? —pregunté, aunque mi voz sonó más insegura de lo que me hubiera gustado.

Lucy asintió, pero su tono era más tranquilo, como si supiera lo que realmente necesitaba para calmarme.

—Es solo un movimiento, Miles. Él o ella está creciendo, ya sabes. Pero, si quieres, ven aquí. Te prometo que está todo bien.

Dicho esto, ella se acomodó en el sillón, levantó ligeramente su camisa para exponer su vientre y me hizo un gesto para que me acercara. Yo me agaché junto a ella, puse mi mano sobre su vientre y, en ese instante, sentí una pequeña patada. No había vivido nada de eso con Antonio, así que fue fascinante. Fue como si una vida estuviera luchando por salir y, en ese momento, algo dentro de mí se quebró. No era solo un golpe de emoción, era algo mucho más profundo; era la sensación de que, de alguna manera, estaba siendo parte de algo que me trascendía. Lucy me miraba con una sonrisa tierna y, por un segundo, el tiempo se detuvo.

—¿Lo sientes? —preguntó, su voz era cálida.

Sí, lo sentía. Lo sentía en mi piel, en mi alma.

—Sí... —respondí—. Es increíble. Me hace sentir... tan afortunado.

Tal vez el pasado no pudiera ser borrado, pero, en ese momento, con el ligero toqué de nuestro hijo en mi pecho y la calidez de Lucy junto a mí, sentí que todo estaba bien. Que lo que venía podíamos enfrentarlo juntos. Era un pequeño paso hacia adelante, pero, para mí, en ese momento, era todo lo que necesitaba.

Capítulo 9

La sensación de propósito que había encontrado en la jardinería comenzó a crecer cada día. Al principio, cuando empecé a limpiar los jardines de los vecinos, lo hacía por una necesidad personal y ocupacional. Los jardines eran una forma de distraer mi mente, de llenar los vacíos dejados por los recuerdos oscuros, de reestructurar mi mente como reestructuraba la tierra.

Mover la pala, arrancar las malas hierbas y dar forma a las plantas no solo era un trabajo, sino una forma de exorcizar mis demonios. Un ritual silencioso en el que podía ganar algo de control sobre mi vida nuevamente.

Los primeros vecinos a los que ayudé, lo hice de manera discreta, sin mucho alboroto, algunos dudando incluso si alguien tan joven, tan marcado, podía realmente ofrecer algo de valor. Pero pronto la comunidad comenzó a darse cuenta de que mis esfuerzos iban mucho más allá de un simple trabajo de jardinería y, en poco tiempo, las redes sociales empezaron a llenar de publicaciones sobre un hombre llamado Miles Milligan, «Un veterano de guerra que, en lugar de hundirse en el dolor, había decidido transformar su sufrimiento en algo positivo para los demás». «El hombre que cuidaba los jardines, el hombre que traía esperanza donde más se necesitaba».

No solo arreglaba jardines, sanaba corazones rotos. Cada vez que cortaba el césped de un vecino anciano, o plantaba flores en el jardín de una madre soltera, algo se tejía en el aire, algo que iba más allá de la simple acción física. Era un acto de servicio, de amor, de empatía que comenzaba a calar hondo en todos los que me conocían.

Los noticieros locales me contactaron para entrevistarme y, con mi presencia tranquila, pero cargada de emociones contenidas, no solo conté mi historia, sino mi lucha para encontrar un propósito después de la oscuridad. Mis palabras fueron tan sinceras, tan humildes, que resonaron profundamente en la audiencia.

—No quiero ser un héroe, no quiero que me vean como un salvador —dije a uno de los reporteros—. Solo soy un hombre que está intentando encontrar algo de paz en este mundo, y ayudar a otros me da esa tranquilidad. Si mis actos pueden inspirar a alguien a seguir adelante, a no rendirse, entonces he hecho lo que tenía que hacer.

Y así fue como, sin darme cuenta, comencé a ser conocido más allá de mi comunidad. Era el hombre que se había levantado del abismo, el hombre que no permitió que el dolor lo definiera. Mi historia inspiró a miles de personas, a muchos veteranos que se sentían igualmente perdidos, a mujeres y hombres que luchaban por encontrar sentido en sus vidas después de haber tocado fondo.

En una de las entrevistas aproveché para hablarles de Noah. El veterano que no solo había perdido su pierna en la guerra, sino también su esperanza. Noah había sido uno de los primeros que había tocado mi alma y debía retribuir ese despertar a la posible realidad que me esperaba. El hombre había dejado claro que su vida había sido un cúmulo de pérdidas, y que ya no tenía a nadie en el mundo, pero yo no había olvidado mis palabras sobre ayudarlo a encontrar su familia.

La reacción fue inmediata. A los pocos días comenzaron a llegar llamadas, mensajes y correos electrónicos con información sobre un hombre que coincidía con la descripción de Noah. Algunos ya habían escuchado hablar de él en el pasado, otros recordaban su nombre de alguna forma. Sin embargo, lo que realmente me sorprendió fue cuando por fin llegó un mensaje de uno de los hijos de Noah diciendo que lo había estado buscando durante años

—¡Lo encontramos! —me dijo el periodista—. Tuvo que pasar mucho tiempo, pero Noah tiene familia, Miles. Tu gesto, tu búsqueda, lo hizo posible.

La noticia del reencuentro entre Noah y su hijo fue tan emotiva que se convirtió en uno de los momentos más especiales de mi vida. Ver la sonrisa y las lágrimas de Noah al reencontrarse con su hijo, después de tantos años de soledad, fue un regalo para él. Y, aunque sabía que no había hecho eso por fama, ni por reconocimiento, lo cierto era que ese acto de bondad me había mostrado algo que todavía no había comprendido completamente: que aún podía dar.

Muchos decían que me había convertido en una inspiración, un hombre que había podido reconstruirse y que, sin pedirlo, había cambiado muchas vidas.

Cuando volví a la casa de Lucy esa tarde, con una sonrisa de satisfacción en mi rostro, ella me miró y, aunque no dijo nada, su mirada lo decía todo. Abrió sus brazos y, en ese abrazo, por primera vez en mucho tiempo, supe que estaba donde debía estar. Con la certeza de que no solo había superado mi guerra, sino que ahora podía ayudar a otros a hacer lo mismo.

Hubo algo especial ese diciembre. No fue solo el frío cortante que se colaba por las rendijas de las ventanas, o el brillo de las luces navideñas que adornaban la casa. No fue solo la nieve que cubría el mundo exterior de un manto blanco y frío. No. Fue el silencio que había tomado forma en mi vida. El tipo de silencio tranquilo que solo se encuentra cuando el alma ya no está en guerra consigo misma. No estaba completamente en paz, pero estaba cerca.

Lucy había comenzado a involucrarme más en su vida, en nuestra vida. Al principio temía que el regreso a la cotidianidad, a las responsabilidades del hogar, me arrastrara de vuelta a esa oscuridad en la que me había perdido, pero pronto me di cuenta de que la oscuridad ya no tenía poder sobre mí. Ahora tenía una razón para caminar hacia la luz. Ant se había convertido en el centro de mi mundo. Cada sonrisa suya, cada palabra que balbuceaba, era un recordatorio de lo que valía la pena.

Todo lo que quería era estar ahí para él, su futuro hermano, y para Lucy.

La rutina de las últimas semanas había incluido mucho más que solo acompañar a Lucy a las citas prenatales, o jugar con Ant en el parque. Lucy me había involucrado en las pequeñas cosas: elegir ropa para el bebé, planificar los menús de las festividades, o incluso decorar el árbol de Navidad. Todo lo hacía con amor, con paciencia, con esa calma que nunca imaginé que sentiría en un hogar.

Se acercaba la víspera de Navidad, y también nuestro quinto aniversario de bodas. Si me hubiera dicho hace unos años que celebraría esa fecha con Lucy y Ant, probablemente hubiera sacado una sonrisa forzada, una de esas sonrisas que guardaba para disimular la ansiedad, pero en ese momento no había nada forzado en mi sonrisa. La Navidad estaba tomando forma en nuestro hogar, no solo en los adornos, las luces o en los regalos, sino en cada rincón de nuestra casa. Esa noche, justo después de que Ant se quedó dormido en el sofá, agotado después de horas de juegos y risas, me senté con Lucy frente a la chimenea. El calor del fuego era reconfortante, el suave crujir de la madera en las llamas nos envolvía en una atmósfera íntima. Lucy se acurrucó cerca de mí y su mano descansó sobre la mía. Era el tipo de contacto que ya no me incomodaba, el tipo de contacto que había aprendido a apreciar. El toque de la seguridad.

—¿Cómo te sientes, Miles? —me preguntó con ese tono tan familiar, tan suyo.

Su mirada era cálida, aunque había una pregunta entre

en sus ojos. Tomé aire y miré al fuego. El crepitar de las llamas me hacía pensar. Pensar en lo que significaba estar ahí con ella, con nuestra familia. Había prometido muchas cosas a lo largo de mi vida, pero en los últimos años, especialmente después de todo lo que había pasado, había aprendido a no hacer promesas vacías.

—Sé que no he sido el hombre que esperabas, Lucy —dije con calma, con la voz cargada de la sinceridad que a veces temía mostrar—. Sé que lo que hice, lo que dejé de hacer, te lastimó. Y no sé si en algún momento podré reparar todo el daño que te hice.

Ella estaba a punto de responder, pero seguí antes de que pudiera. Esta vez tenía que ser yo quien hablara primero.

—Pero lo que sí sé, es que quiero que las cosas sean diferentes. Y quiero prometerte algo, no solo como tu esposo, sino como el hombre que estoy tratando de ser cada día.

Lucy me miró atentamente, con una expresión que parecía a la vez tranquila y expectante.

—No te prometo que todo será perfecto —continué—. No te prometo que no habrá momentos difíciles, que no tendré recaídas, que no habrá sombras de mi pasado que me persigan. Pero lo que sí te prometo con todo mi ser, es que voy a luchar por ser el hombre que tú y nuestros hijos necesitan. Que voy a luchar por la felicidad de nuestra familia. No porque lo espere el mundo, sino porque ya no puedo vivir de otra forma.

Mi respiración se agitó y, por un momento, la tensión de mis palabras se asentó en el aire entre nosotros. Lucy parecía contenida, pero sus ojos reflejaban una mezcla de amor y comprensión.

—Te amo, Lucy. Y no quiero que sigas teniendo miedo de que algún día pueda volver a fallarte.

Ella apartó un mechón de cabello de mi rostro y, aunque su gesto era tierno, había una fuerza detrás de él.

—Miles —susurró—. Lo sé. Yo también te amo. Y sé que lo estás intentando, lo sé. Pero tienes que entender que... —pausó, como si estuviera buscando las palabras correctas—. No podemos estar juntos hasta que tú sientas que te mereces estar aquí. Hasta que tú sientas que este amor, esta vida, no es una carga.

La miré con sorpresa. No era lo que esperaba, pero lo entendí inmediatamente. Lucy no me estaba pidiendo que fuera perfecto, me estaba pidiendo que fuera sincero conmigo mismo; que no estuviéramos juntos por miedo, ni por costumbre. Solo por amor.

—¿Qué quieres decir? —pregunté.

—Quiero decir que sigues siendo el hombre con el que quiero compartir mi vida —respondió—. Pero no quiero que lo hagas por mí, Miles. No quiero que sigas creyendo que tienes que ser alguien más para mí. Solo quiero que seas tú. Y si tienes que seguir luchando por ti mismo, por tu paz, entonces lo harás, pero no por mí, ni por nuestros hijos; lo harás por ti. Y cuando llegues a ese punto, entonces seremos una familia de nuevo.

Mis ojos se humedecieron un poco. Era como si todo el peso que llevaba sobre mis hombros finalmente se desvaneciera. No tenía que ser un hombre perfecto, solo tenía que ser el hombre que podía ser.

—Te prometo que seguiré trabajando en mí mismo, amor. No estaré contigo hasta que sienta que este amor puede ser un refugio, no una carga, pero cuando llegue ese momento... —dije mirando a los ojos de Lucy—. Seré el hombre que te mereces.

Lucy me sonrió con una sonrisa llena de amor y esperanza. Y, por un segundo, todo se sintió como si el futuro finalmente estuviera en nuestras manos.

Esa noche, con la promesa de un futuro en nuestras bocas, renovamos nuestros votos. Sin anillos ni ceremonias, solo con las palabras que, de alguna manera, sellaban el pacto más importante de todos: el compromiso de seguir luchando, juntos, por la felicidad de nuestra familia. Y mientras las luces de Navidad parpadeaban suavemente en la casa, supe, con absoluta certeza, que esta vez no perdería el camino.

Capítulo 10

El aire frío se colaba entre los árboles, acariciando mi rostro con su hielo suave, pero no me importaba. No había nada que me importara más en ese momento que estar caminando junto a Lucy y nuestro hijo por el parque, como si fuéramos dos jóvenes enamorados y no una pareja que había atravesado mil tormentas.

Lucy sonreía, y esa sonrisa, esa que parecía iluminar incluso los días más grises, era todo lo que necesitaba para sentir que lo que estábamos construyendo tenía sentido. Habíamos vuelto a empezar, como si hubiéramos vuelto a una etapa de citas, como si no estuviéramos casados, como si simplemente estuviéramos disfrutando de esos primeros momentos llenos de nervios y promesas.

Cada paseo por el parque, cada cena que compartíamos, incluso los pequeños gestos, como tomarnos de la mano mientras caminábamos o robarnos un beso fugaz en medio de la calle, me hacían sentir más cercano a ella de lo que había estado en años. El simple hecho de estar con Lucy me hacía sentir que había algo más que solo los recuerdos que me perseguían. Había un futuro.

Ant, como siempre, tenía su energía desbordante. Corría de un lado a otro mientras reía a carcajadas, ajeno a las dificultades que habíamos enfrentado. El solo verlo me hacía sentir orgulloso, como si por fin tuviera algo real por lo que vivir. Algo tangible. Y Lucy, a pesar de todo, no dejaba de cuidar de su pequeño, aunque su cansancio ya no pasaba desapercibido. Lo notaba en su andar, en la forma en que se sujetaba el vientre cada vez que daba un paso más largo de lo normal.

—¿Te encuentras bien, Lucy? —le pregunté mientras caminábamos entre los árboles cubiertos de nieve.

Ella sonrió, pero pude ver la fatiga en sus ojos, esa fatiga que se ocultaba tras la fachada de su sonrisa.

—Estoy bien, Miles. Solo me siento un poco cansada —respondió con un tono que no convencía a nadie.

Con el embarazo tan avanzado, de más de siete meses, las cosas no estaban siendo fáciles para ella. Lucy aún trabajaba incansablemente en el restaurante y se encargaba de que todo funcionara a la perfección, lo que la agotaba aún más. El esfuerzo de mantener el equilibrio entre su trabajo, su maternidad y las demandas de la casa la estaban desgastando. No lo decía en voz alta, pero yo lo veía. Lo veía también en la forma en que se tomaba las muñecas con una leve mueca de dolor o en la forma en que se recargaba en mí cuando no me daba cuenta.

Al principio quería hacer todo. Ayudar, ser el hombre que ella necesitaba, pero me di cuenta de que aún no había aprendido a reconocer lo que verdaderamente requería: apoyo sin esperar nada a cambio.

Esa noche, mientras caminábamos bajo la luz de la luna reflejada en la nieve, me di cuenta de algo más: Lucy ya no necesitaba que la cuidara como un soldado en guerra. Ella necesitaba un compañero, alguien que estuviera a su lado sin querer solucionar todo.

—Lucy, ¿por qué no dejas el restaurante por un tiempo? —le sugerí—. Yo me haré cargo de todo en casa. Ella me miró sorprendida, como si no esperara escuchar esas palabras.

—Miles, no quiero que sientas que tienes que hacer todo... —comenzó a decir, pero la interrumpí.

—Escucha, Lucy. Lo quiero hacer. Te lo prometo. No es que tenga que hacer todo, es que quiero hacerlo. No quiero que sigas haciendo todo tú sola, quiero que descanses. Sé que el trabajo es importante para ti, pero, ahora mismo, Antonio y nuestro bebé son lo que más importa. Si tú no estás bien, si no descansas, ¿cómo podríamos ser una familia completa?

Mis palabras salieron de manera más apasionada de lo que había esperado. A veces no me daba cuenta de cuán profundamente estaba implicado en lo que decía. No quería que ella llevara todo el peso sola. Había pasado años corriendo de mis responsabilidades, ¿pero ahora que por fin tenía una oportunidad, ¿cómo podía quedarme al margen y no ofrecer todo lo que era?

Lucy me miró fijamente, como si estuviera evaluando

mis palabras, como si buscara alguna señal en mi expresión que confirmara si lo que decía era verdad. Y, al final, sus ojos se suavizaron.

—Tienes razón. Tal vez debería descansar un poco más, pero quiero que sepas que no es fácil para mí aceptar ayuda —dijo—. Solo si realmente quieres hacerlo, lo aceptaré.

La tomé de la mano y apreté suavemente. Ya no se trataba de ser fuerte todo el tiempo. No tenía que ser el hombre que lo hacía todo solo. Esta vez, el ser fuerte significaba saber cuándo era necesario ceder y cuándo debíamos ayudarnos mutuamente.

—Lo haré, Lucy. Te prometo que me ocuparé de todo en casa. Y cuando llegue el bebé, estaré aquí. Siempre estaré aquí.

Esa noche, después de la caminata, regresamos a casa. Aunque el aire helado de la calle nos seguía acompañando, la casa nos recibía cálida, como un abrazo que todo lo aliviaba. Lucy descansó en el sofá mientras Ant jugaba, y yo preparé la cena para los tres. Fue relajante no estar buscando una redención en el futuro. Fue relajante solo vivir en el presente, compartiendo ese espacio con ellos, el espacio que siempre había estado destinado a ser nuestro. El frío afuera no significaba nada. Ahí adentro estábamos a salvo. Estábamos juntos. Y eso, en ese momento, era todo lo que importaba.

El día de San Valentín, aunque había sido un día como cualquier otro, en el fondo, yo sabía que era diferente.

Sabía que, aunque el calendario marcara una fecha convencional, para mí ese día iba a tener un significado mucho más profundo. Ese San Valentín no se iba a tratar de flores, ni de chocolates, ni siquiera de palabras dulces o promesas de amor eterno. Para mí, ese día tenía que ver con la recuperación. Iba a dar mi primer testimonio en el grupo de apoyo para veteranos.

Había hablado con el Dr. Donovan durante semanas sobre eso. Me había animado a hacerlo para ayudar a otros que podían estar en la situación en la que yo había estado; para ser una luz en la oscuridad de otros como yo.

Al principio me sentí incómodo solo con la idea de hablar, de poner en palabras lo que había guardado dentro durante tanto tiempo. Pero con cada paso que daba, con cada sesión de terapia, comencé a sentir que podía hacerlo. No solo por mí, sino también por los demás. El Centro de Apoyo para Veteranos era pequeño, pero siempre estaba lleno de caras conocidas. Algunas de ellas estaban llenas de cicatrices, tanto visibles como invisibles. Hombres y mujeres que luchaban batallas diferentes. Algunas de ellas más calladas que otras. Cuando llegó mi turno, me paré frente a ellos. Mi pulso se aceleró, pero mi mente estaba serena. Las palabras salieron con una claridad que no había esperado. Nunca había hablado así de mis vivencias, nunca de manera tan completa, tan detallada y, sin embargo, al hacerlo, sentí que la carga comenzaba a aflojarse. Como si poco a poco estuviera soltando la mochila de piedras que había llevado por tanto tiempo.

Les hablé de lo que había vivido, de los amigos que había perdido, de las noches en las que no podía cerrar los ojos sin ver a mis compañeros caer a mi lado. Hablé de la explosión que casi me mató, de la medalla que encontraron en la mano de otro soldado y cómo eso fue lo que me marcó. Hablé de la confusión, de cómo la vida de la que había regresado me parecía extraña, ajena, pero también de cómo me empeñé en seguir adelante. Y cómo, incluso cuando la guerra parecía estar aún dentro de mí, había un futuro esperándome y una familia que necesitaba de mí.

Lo más importante que les dije fue que sí hay vida después del trauma. Que no todo está perdido, que el dolor no tiene por qué ser eterno. Y que no importa cuántas veces caigas, siempre puedes levantarte.

—No somos los que fuimos antes del caos, pero aún podemos ser los que soñamos ser después de él —dije y terminé mirando a los ojos de todos los presentes.

Un silencio pesado se esparció sobre la sala. Nadie se movió ni habló, pero sentí en sus ojos lo que había estado esperando: entendimiento. No era lástima. Era una conexión, un saber compartido; y eso, en ese momento, fue suficiente. Me senté de nuevo, pero, antes de relajarme, uno de los voluntarios del centro se acercó con prisa. Algo no estaba bien.

—Miles, tenemos una llamada para ti. Es urgente. Es Lucy —me dijo, con una ligera presión en su voz, casi como si estuviera conteniendo una noticia grande y mi corazón dio un salto.

—¿Lucy? —pregunté una vez me pasaron el auricular.

Su respiración entrecortada llegó hasta mis oídos y no pude evitar que una corriente de ansiedad me recorriera al instante.

—Miles, estoy en el hospital. El bebé está por nacer.

En ese momento todo lo demás desapareció. El dolor, el trauma, las palabras que acababa de compartir con otros. Todo había quedado en un segundo plano.

—Voy para allá, Lucy —respondí y colgué.

Salí del centro corriendo, dejando atrás las miradas de algunos presentes. Mi vida volvía a estar en un punto de inflexión, pero esta vez era un cambio que elegía abrazar con todo lo que era. Ya no estaba corriendo del futuro, no estaba huyendo de las dificultades. Esa vez estaba corriendo hacia mi familia.

El viaje al hospital pasó en un abrir y cerrar de ojos. Cuando llegué, corrí por los pasillos, centrado en un solo objetivo, llegar a ella. Lucy estaba en la cama, con el rostro pálido del dolor, y su mirada se iluminó cuando me vio.

—Miles —dijo.

Tomé su mano con firmeza. El vínculo entre nosotros era más fuerte que nunca y no había nada que pudiera separarnos, no ahora, no después de todo lo que habíamos superado juntos.

—Voy a estar aquí, Lucy. Aquí contigo, en cada momento —le susurré.

Y en ese instante sentí una paz profunda. Había hablado sobre el dolor, sobre el trauma, sobre la oscuridad, pero en ese momento, ese día, había encontrado mi luz. Mi hijo o hija estaba por nacer y el miedo ya no tenía lugar. La guerra ya no era lo único que definía mi vida. Había algo más grande que todo eso: la familia que estaba construyendo.

Con un último apretón de su mano, las luces en la sala parecieron brillar más intensamente. Y, cuando la vi sonreír, ya con el rostro lleno de lágrimas de felicidad, sentí que en ella estaba todo lo que yo había deseado.

El llanto de nuestra hija resonó en la sala. Era un sonido tan puro, tan crudo, que me sacudió el alma. Y así, cuando pude ver por primera vez su rostro, pequeño y frágil, algo se rompió dentro de mí, aunque no era una ruptura dolorosa, sino liberadora. En ese instante supe que todo lo que había pasado en mi vida, todas las cicatrices, las pérdidas, los momentos de oscuridad, habían valido la pena. Ella era la razón.

Epílogo

La pequeña Mila era la imagen exacta de su madre.

Tenía esos ojos azules grandes, llenos de curiosidad, esa piel suave y sonrosada, y su cabello era dorado.

Cuando me la pusieron en brazos, todo lo que había creído sobre el dolor, sobre el sufrimiento y las luchas de mi vida, se desvaneció. Estaba viendo la vida en su forma más pura, más inquebrantable. Una nueva vida. La que yo había estado buscando, aunque no sabía cómo encontrarla.

Lucy, agotada pero feliz, me miró con los ojos brillantes, una sonrisa suave y cálida dibujada en su rostro. Su expresión parecía una mezcla entre ternura y gratitud. Y había algo en su mirada que decía más que mil palabras, como si me dijera, «aquí estamos, Miles. Lo hemos logrado. Juntos».

—Es perfecta, Miles —dijo Lucy con una voz suave, pero llena de amor. Sus ojos no dejaban de mirar a nuestra hija, como si temiera que el simple hecho de parpadear pudiera hacerla desaparecer.

Tomé la pequeña mano de Mila entre mis dedos, con todo el cuidado del mundo, sintiendo el latido de su vida a través de su piel tan suave. Mientras lo hacía, algo profundo se asentó dentro de mí. Una sensación de pertenencia, de saber que, aunque mi vida había sido todo lo contrario a lo que había imaginado, ahora tenía un propósito claro. Un propósito que se extendía más allá de mí mismo, más allá de los recuerdos de la guerra y del dolor que había cargado.

Sabía que el camino no iba a ser fácil. Nadie que hubiera pasado por lo que yo había vivido podía negar que había cicatrices que no desaparecerían de un día para otro. Los recuerdos, las emociones, los miedos y las inseguridades seguían ahí, y siempre lo estarían, pero también sabía algo más profundo. Lo que había vivido, las batallas que había librado me habían preparado para ser un hombre diferente. Un hombre que podía mirar a su familia y prometerles que iba a estar allí, día tras día, sin importar lo que viniera.

Los demonios internos, las noches interminables de soledad y el temor a la oscuridad ahora tenían un propósito. Había sobrevivido a todo eso para estar ahí, con ellos, y darles una vida mejor. Para enseñarles que la vida no es solo sobre lo que has perdido, sino sobre lo que todavía puedes ganar.

Cuando Lucy se sintió un poco mejor, hablamos y decidimos que íbamos a renovar nuestra promesa de nuevo, pero está vez frente a Mila y Ant, y frente a todos los que nos habían apoyado. Así, justo al salir Lucy y Mila del hospital, organizamos toda la ceremonia en familia, llamamos a todos nuestros conocidos y renovamos nuestros votos matrimoniales. No con palabras ostentosas, ni promesas perfectas, sino con un compromiso profundo, real, que venía de un lugar mucho más auténtico.

—Te prometo, Lucy, que a partir de ahora viviré cada día con la intención de hacerte feliz. Sé que el camino no será fácil, pero quiero caminarlo contigo. Prometo que, pase lo que pase, no huiré de lo que tenemos —le dije con mi voz cargada de emoción, mientras Mila, en mis brazos, parecía quedarse en silencio, como si comprendiera que esos momentos se grababan en el aire, como una huella en la arena.

Lucy sonrió y, con las lágrimas brillando en sus ojos, asintió.

—Yo también te prometo, Miles, que, a pesar de todo lo que hemos vivido, vamos a construir algo mejor —dijo y miró a Mila y a Anto—. Por ellos.

En ese momento estoy casi seguro de que ambos entendimos que no necesitábamos una vida perfecta. No necesitábamos evitar el dolor o los miedos. Lo que realmente necesitábamos era la valentía de seguir adelante, de enfrentar juntos lo que viniera y de saber que, pasara lo que pasara, nos tendríamos el uno al otro. Y eso era suficiente.

—Amor, tengo un regalo para ti —dije antes de que toda la ceremonia terminara y todos me quedaron viendo.

Hace semanas me había contactado con la representante de Lucy. Quería saber en qué situación se encontraba el libro de cocina que ella tanto había trabajado y me dijo que Lucy había pagado las penalidades por no publicarlo. Por lo que me aventuré a escondidas de Lucy a autorizar su publicación y, gracias a Claudia, el libro pudo llegar a nosotros a tiempo.

—Por mi has dejado de hacer muchas cosas, Lucy, y te has sobre cargado con cosas que no son tu responsabilidad. Por mí dejaste esto a un lado y hoy quería ser yo quien te lo devolviera —dije y le entregué el libro empacado.

Ella lo abrió y sus ojos se llenaron de lágrimas.

—Gracias por hacer esto —respondió abrazándome y recostando su cabeza sobre mi pecho.

—Tu siempre has sido mi apoyo, es hora de que yo sea el tuyo.

A partir de ese día, todo cambió. Con la llegada de Mila, mi corazón dejó de temerle a la oscuridad. Su risa, su simple existencia, me devolvió la luz que había perdido durante tantos años. Y, aunque sabíamos que la vida seguiría trayéndonos desafíos, el simple hecho de estar juntos y estar al pie del cañón por los que amábamos, era lo que nos mantenía firmes.

Las cicatrices no desaparecieron de inmediato. Los recuerdos, los miedos, las sombras del pasado seguían acechando, pero con cada día que pasaba, con cada sonrisa de Lucy, con cada carcajada de Anto y con el suave susurro de Mila durmiendo en mis brazos, las sombras se fueron desvaneciendo poco a poco.

Vivimos un día a la vez. Era lo único que podíamos hacer y, con cada paso que dábamos, entendíamos que vivir era la verdadera recompensa. Vivir con amor, con esperanza, con esa fe que se renueva a cada momento, con la convicción de que no estamos definidos por lo que nos pasó, sino por lo que decidimos hacer con el presente que tenemos.

Y entonces entendí lo que realmente significaba la palabra familia. No era solo un concepto abstracto, sino una promesa viviente, algo que se construye a diario, con cada acto de amor, con cada sacrificio, con cada sonrisa. Y esa promesa, la que habíamos renovado, iba a ser la que nos guiaría durante toda nuestra vida.

Porque, al final, el amor siempre encuentra su camino. Y nosotros estábamos listos para caminarlo.

¿Fin?

No te pierdas los demás libros de la serie…

Próximamente…

Todo ocurrió una Navidad
Valery Archaga

Todo ocurrió un día de otoño
VALERY ARCHA

Todo ocurrió un verano
Portada disponible muy pronto
LIBRO 3
VALERY ARCHAGA

Agradecimientos

Tengo muchas personas a quienes agradecer por hacer este libro posible, pero quiero comenzar mencionando al hombre que sostiene el fuerte mientras estoy frente a la computadora, mi esposo. Panda, gracias por tu apoyo, amor y comprensión, te amo.

A Rodrigo y Daniela de Livró, por poner su magia en esta historia. Gracias por los consejos y conocimientos que he logrado adquirir en este tiempo que tengo de conocerlos. Estoy muy orgullosa de llamarlos mis editores y mentores.

A Grecia Leal, gracias por ayudarme a crear el exterior de este libro. también te agradezco tener paciencia por cada cambio de opinión que tuve en el proceso creativo.

A Astrid, por darme la oportunidad de conocer la historia de su padre y la suya como hija de un veterano.

A mis chicas de Hablemos de libros y Más. Por siempre creer en mí y en mi trabajo. Las amito a todas.

A Dios, por otorgar el don y la oportunidad de poder escribir para ustedes.

A todos ustedes que tienen el libro en sus manos y se tomaron el tiempo de leerlo. Gracias por el apoyo.

No se les olvide dejar sus opiniones o reseñas, pues son el mejor regalo para un autor.

Muchas gracias.

ACERCA DEL AUTOR

Mi nombre es Valery Archaga, y si, ese es mi nombre real no un seudónimo. Soy hondureña, nací en la ciudad Tegucigalpa, Honduras en 1993.

Hace 7 años me mudé a Charlotte, Carolina Del Norte donde resido junto a mi esposo, 3 pequeños y mis pequeñas de cuatro patas Chloe (Chihuahua) y Monie (Rottweiler) con quienes paso prácticamente todo el tiempo.

Soy una autora proactiva, disfruto mucho de la interacción con mis lectores. Entre varios grupos de WhatsApp y redes sociales.

En octubre del 2021 comencé mi primer libro "Solamente Tú" en plataforma digital, iniciando la romántica saga que continúa a la fecha con la tercera generación de la familia Galeano, cada libro es una pareja diferente.

Mi fuente de inspiración es la música, me encanta escribir, leer y cocinar, son mis hobbies favoritos. Una margarita de limón o una taza de té, música de Coldplay, Lana del Rey, The Weeknd o clásica como Enigma, y un muy buen libro es mi vibra.

Made in the USA
Columbia, SC
23 December 2024

50186174R00062